PERLAS
EN EL SENDERO

MAHAMANDALESHWAR SWAMI
NITYANANDA

Copyright © 2014 Shanti Mandir

ISBN 978-0-9886025-3-3

Shanti Mandir
51 Muktananda Marg
Walden, NY 12586, U.S.A.

Tel: +1 (845) 778 – 1008
www.shantimandir.com

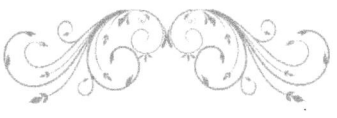

CONTENIDO

Prefacio
1. La meditación es una forma de vida
2. Shanti Mandir eres tú
3. El amor por el bien del ser
4. La sādhanā es Śiva y el logro es Śiva
5. Sanātana dharma
6. Enseñanzas antiguas para un mundo moderno
7. Investigación y desarrollo sobre la situación humana
8. Entrénate para sentarte
9. Prāṇāyāma
10. Descarta lo inútil
11. Alegría
12. La mente nos mantiene atados
13. Cada pensamiento genera una onda
14. Limpia la mente capa por capa
15. El conocimiento está en el interior
16. Habla con tu reflejo
17. El sonido de Dios
18. Deja que tu mente vibre con Oṁ
19. El mantra es el vehículo

20. Un caballo es un caballo
21. Verdad
22. Deja que el mantra domine tus pensamientos
23. Deja que la yapa vaya al corazón
24. Un millón de repeticiones
25. Pratyāhāra
26. Cierra la puerta de los sentidos
27. Una mente fuerte
28. Conviértete en el testigo de tu mente
29. Vive con entusiasmo
30. Espiritualidad a la canasta
31. Yo soy Eso
32. No hay nada en qué convertirse
33. La rueda de colores
34. Enaltécete a ti mismo
35. El superpoder interior
36. El río de la vida
37. La adoración de la forma es un sendero hacia lo sin forma
38. Ama a tu Ser
39. ¿Quién es el Guru?
40. El Guru te conduce hacia la verdad
41. Sé consciente en todo momento
42. Abre tus ojos

43. Sigue pedaleando
44. La Perla Azul
45. El estado de tu corazón
46. Expande tu universo
47. Pasa tiempo en tu propia compañía
48. Abrázate a ti mismo
49. ¿Por qué reaccionar?
50. El yoga en el mercado
51. Cáscara de plátano
52. El mundo es como lo ves
53. La telaraña
54. Elévate a la experiencia de "Yo soy Conciencia"
55. ¿Quién soy?
56. Yo soy Dios tal como soy
57. Un cambio sutil
58. Eso que lo hace posible
59. Devoción y servicio
60. Ofrece tu servicio al mundo
61. Sálvate tú primero
62. Aprende del sol
63. Sé grande
64. Bondad y desapego
65. Complace al adorador

66. Primero ofrece tu comida
67. La esencia sutil del alimento
68. Hazte fuerte
69. Ten clara tu meta
70. Establece un programa
71. Una práctica regular
72. Contentamiento
73. Quítate las anteojeras
74. Recuerdo constante de lo divino
75. La consistencia da frutos
76. 76. Ten pasión por tu práctica
77. Esfuerzo y gracia
78. La gracia siempre está allí
79. El seguro de Dios
80. Dignidad
81. Ego espiritual
82. Dos tipos de buscadores
83. Más allá de la mente
84. Permanece en la conciencia
85. Una gran embarcación no se zarandea con el viento
86. Crea quietud
87. El fruto de la sādhanā

88. La realización ocurre paso a paso
89. No seas ignorante, no seas iluminado
90. Cuestionar y preguntarse
91. Un paraguas más grande
92. La iluminación llegará
93. Primero conviértete en un pez
94. Mantente en movimiento
95. Una práctica viva y constante
96. Entrega
97. Deshazte de tu taza
98. El néctar de la devoción
99. Práctica individual y grupal
100. Mantén buena compañía
101. Conserva solo lo que es verdad
102. Mantén tu paraguas hacia arriba
103. La verdadera renuncia
104. Cambio
105. Vuélvete sutil
106. Escalones
107. Sigue siempre adelante
108. Perlas de sabiduría

PREFACIO

EN LOS ÚLTIMOS AÑOS de su vida, el gran *avadhūt* Bhagavān Nityānanda habló muy poco. Sin embargo, se dice que unos días antes de su mahāsamādhi, con motivo del Guru Pūrṇimā, habló cerca de cuarenta y cinco minutos.

Sus palabras exactas no fueron grabadas, pero la esencia de lo que dijo se transmitió: "¿Qué clase de gracia puede otorgársele a quien tan pronto se le ha concedido un deseo, inmediatamente busca la satisfacción de otro? Esa persona no necesita un Guru sino un adivino".

Según Bhagavān, estas personas eran simples espectadores. "Vinieron al océano solo para atrapar a los peces que están en la superficie, dijo, no para bucear en la profundidad en busca de las perlas que se encuentran en el fondo".

Yo mismo vi que Baba Muktānanda, después de años de trabajar con la gente, luego de doce años de viajar alrededor del mundo, estaba disgustado por algunas cosas que sucedían a su alrededor.

Algunos me preguntan: "¿Cómo puedes decir que un gran ser está disgustado? Un gran ser vive en estado de equilibrio en todo momento".

Por supuesto, tal ser tiene gran compasión y esa compasión lo impulsa a hacer el trabajo que hace. Si no fuera así, yo sería

BHAGAVĀN NITYĀNANDA

el tonto más grande de todos. ¿Por qué? Porque tengo un áshram y dejo que todo el mundo venga. Me aseguro de que cada uno regrese a su casa feliz y contento.

Sin embargo, siempre recuerdo lo que Bhagavān dijo, y cómo encontré a Baba al final de su vida. Sí, estoy seguro de que Bhagavān disfrutaba de un gran contentamiento, al igual que Baba, de saber que era capaz de despertar a las personas de su ignorancia. Pero la tristeza surge del hecho de que él, como dijo Bhagavān, tenía perlas que ofrecer, pero todos se contentaban con los peces de la superficie.

Solo un poquito de paz, un poquito de dicha, un poquito de felicidad— eso es solo la superficie. Debemos bucear a mayor profundidad en nuestro interior. Debemos asentarnos en el conocimiento de la Verdad.

– *Mahāmandaleśvar Swami Nityānanda*

1

LA MEDITACIÓN ES UNA FORMA DE VIDA

LA MEDITACIÓN es conciencia del momento.

Muchas personas piensan que si apagas la luz, te sientas en una postura perfecta, dices algunos mantras y tu mente se queda en blanco, eso es meditación.

La filosofía del Shaivismo dice que el estado de meditación llamado *turīya* tiene que ser como el flujo ininterrumpido del aceite que se vierte de un recipiente a otro.

Ya sea que estés en estado de vigilia o en estado de sueño o de sueño profundo, la meditación fluye continuamente. Estás en paz cuando trabajas o hablas con alguien. Sigues en paz cuando estás soñando o durante el sueño profundo. Esa quietud, esa paz, no desaparece.

Eso es la meditación. Es un arte. Una forma de vida. No intentas inducir un estado o alcanzar un estado en particular. Más bien se trata de aceptar y de simplemente ser.

2

SHANTI MANDIR ERES TÚ

ŚĀNTI significa paz. *Mandir* significa templo.

El cuerpo es un templo. Por lo tanto, Shanti Mandir eres *tú*. Son todas las personas que vienen a satsaṅg porque cada una es un templo de paz.

Aunque creas que eres el cuerpo, en tu interior mora la divinidad. Este no es simplemente un cuerpo físico, es un cuerpo en el que Dios mora. Por lo tanto, tú eres ese templo.

Si tratas a tu cuerpo bajo ese entendimiento, entonces comprenderás el mensaje de Baba Muktānanda: "Adora a tu Ser, arrodíllate ante tu Ser, honra a tu Ser".

3

EL AMOR POR AMOR AL SER

LA MENTE DUDA, piensa: "¿Cómo puedo estar seguro de que Dios habita en este cuerpo?".

Después de todo, la prueba científica exige que lo demostremos empíricamente. Pero la conciencia no es algo que pueda medirse objetivamente. Solo se le puede conocer subjetivamente, dentro de nuestro propio corazón.

Cuando alguien a quien amamos muere, nos apresuramos a llevar a cabo los ritos fúnebres y deshacernos del cuerpo. ¿Por qué? Porque a quien amamos ya no está en ese cuerpo. Sin vida, sin la presencia del alma en el cuerpo, este simplemente se corrompe. Cuando la divinidad interna se ha marchado ya no amamos el cuerpo de cinco elementos. Si lo hiciéramos, lo conservaríamos por siempre.

Es por eso que en las *Upániṣads* el sabio Yājñavalkya le dice a su esposa Maitreyī: "No nos amamos el uno al otro por nosotros mismos sino por amor al Ser".

Por supuesto, cuando la muerte llega no vemos partir a la conciencia, a menos que el ojo interno esté abierto. Simplemente pensamos que la existencia individual ha llegado a su fin. Sin embargo, solamente el cuerpo ha llegado a su fin. El individuo sigue adelante bajo la forma de conciencia.

4

LA SĀDHANĀ ES ŚIVA Y EL LOGRO ES ŚIVA

MIENTRAS LA FILOSOFÍA del Vedānta habla del Absoluto como Brahman, el Shaivismo habla del Absoluto como Śiva. El Shaivismo nos dice que pensemos en nosotros mismos como Śiva, sabiendo que el objetivo que se quiere lograr es Śiva, y el sendero para llegar a él es Śiva.

El sendero —lo que haces entre el lugar donde te encuentras ahora y tu meta— se llama *sādhanā*, prácticas espirituales.

El Shaivismo dice que no hay diferencia entre tú, la sādhanā que practicas y la meta.

Reflexiona sobre esto. Cuando te das cuenta de que eres Śiva, de que la sādhanā que practicas es Śiva y de que la meta es Śiva, entonces no hay nada que hacer. No hay nada que quede por hacer, y por lo tanto, no hay nada que alcanzar. ¿Comprendes este concepto?

Tú ya eres Śiva, así que no hay ninguna sādhanā por realizar. Al mismo tiempo, como la sādhanā también es Śiva, la haces. No solamente haces canto y meditación, haces Śiva. Cuando te das cuenta de eso ya no estás haciendo Śiva, porque ese es el estado de Śiva.

Tenemos tendencia a meditar con el entendimiento: "Tengo que alcanzar algo. Por lo tanto yo, Nityānanda, voy a meditar para encontrar y experimentar a Śiva". Cuando nos damos cuenta de que "No soy esta persona, Nityānanda; soy Śiva". a eso se le llama meditación. También se le llama el Absoluto. Se le llama Conciencia, Verdad.

Entonces el Shaivismo dice: "Yo soy Śiva, la sādhanā que hago es Śiva y la meta es Śiva". Esta comprensión elimina el concepto de esfuerzo, de pensar: "Yo, Nityānanda, voy a renunciar a mi identidad limitada, para convertirme en aquello que es grandioso y vasto".

Lo que hacemos es permitirnos convertirnos en uno. Ya somos uno, pero nos permitimos volver a ser conscientes, una vez más, de la unicidad entre nosotros y eso que llamamos Dios.

5

SANĀTANA DHARMA

ANTES DE QUE SE ACUÑARA la palabra *Hinduismo*, la filosofía de nuestra tradición se conocía como sanātana dharma. Dharma significa la ley que sustenta la vida. Sanātana significa eterno.

Creemos que la filosofía hindú, que ha existido durante miles de años, no fue creada por ningún individuo en particular.

Nuestro deber como Mahāmandaleśwars, como Gurus de esta tradición filosófica, es asegurar que las enseñanzas de los *Vedas* se mantengan vivas, permitiendo de esa manera a las personas tomar conciencia de que deben vivir una vida buena, recta, honesta y sencilla.

Vivir de acuerdo con las enseñanzas de los *Vedas* puede parecer difícil en el mundo de hoy. Pero creo que si lo intentamos eso nos proporcionará una vida feliz y pacífica.

6
ENSEÑANZAS ANTIGUAS PARA UN MUNDO MODERNO

EN ESTA ÉPOCA QUE LLAMAMOS MODERNA, las personas se preguntan sobre el valor de los rituales ancestrales. Piensan: "¿Cuál es el propósito de estos rituales cuando en otros aspectos nos hemos vuelto tan modernos?".

Pero piensa en lo que la sociedad moderna tiene que ofrecer. Nos ha dado enfermedad y sufrimiento mental y los diferentes problemas relacionados con ellos. Podemos pensar que hemos progresado, pero debemos preguntarnos de qué manera lo hemos hecho. Los niños que nacen hoy en día no son más felices que los que nacieron hace treinta, cuarenta, cincuenta años.

Las enseñanzas que los sabios impartieron hace miles de años se pueden aplicar en la actualidad. Dichas enseñanzas nos muestran cómo seguir el dharma, la conducta correcta, y cómo vivir de acuerdo con lo que dicen las escrituras.

Podemos pensar que necesitamos algo nuevo, algo para entretener la mente. Pero esos entretenimientos duran un tiempo y luego la mente anhela algo más. En vez de eso sigue las enseñanzas que han sido transmitidas por generaciones y que han sido fructíferas para otros.

Por medio de la contemplación, el discernimiento y el entendimiento, encuentra lo que funciona para ti, practícalo y deja que dé frutos para ti también.

7

INVESTIGACIÓN Y DESARROLLO SOBRE LA SITUACIÓN HUMANA

RECIENTEMENTE ALGUIEN DIJO: "Sé que todo es Brahman. Yo soy Brahman. Entonces, ¿por qué tantos adornos? ¿Por qué tantos rituales y prácticas?".

La mente decide: "Lo que me gusta está bien; lo que no me gusta es superfluo".

Imagina que tienes dolor de cabeza y vas al doctor. El doctor dice: "Tome Pepto-Bismol". Vas al mismo doctor por una cortada. El doctor muele Pepto-Bismol y lo coloca en la herida. ¿Te parece que el doctor es inteligente?

Vas a pensar: "Quiero un doctor que sepa qué medicamentos prescribir para cada dolencia en particular".

Los investigadores del departamento de investigación y desarrollo de una compañía intentan encontrar productos que funcionen en situaciones diferentes. De la misma manera, los yoguis y los sabios se han sentado en la selva, en los bosques, en sus áshrams, y han hecho investigación y desarrollo sobre la situación humana.

El sabio nos da diferentes recetas que se aplican a nuestras diversas situaciones mentales. En la *Bhagavad Gītā*, Śrī Kṛṣṇa le dice a Arjuna: "Sigue el sendero que las escrituras han revelado".

Al seguir estas enseñanzas lentamente te irás liberando de tendencias negativas.

ENTRÉNATE PARA SENTARTE

EN LA MEDITACIÓN lo primero es sentarse correctamente.

La gente siempre dice: "Pero, ¿cómo puedo sentarme sin moverme?".

Si no practicas te acostumbras a estar jugueteando, moviéndote, rascándote, preocupándote por tu chal o por esto o aquello, por lo que tu mente se distrae constantemente.

Enséñate a sentarte. Practica sentarte sin moverte. Desde luego habrá dolor. Habrá mensajes del cuerpo. Pero si entrenas gradualmente, verás que puedes lograrlo.

Mientras más activa o excitada se encuentra la mente, más difícil resulta sentarse inmóvil. Mientras más quieta y silenciosa se vuelve la mente es más fácil permanecer sentado. Observa si puedes estar consciente de esto.

9

PRĀṆĀYĀMA

LA MENTE Y LA RESPIRACIÓN están interrelacionadas. Cuando respiramos rápido, la mente piensa rápido. Pero es posible disminuir la velocidad de la respiración.

Una de las prácticas que enseña el yoga es *prāṇāyāma*: el control de la respiración.

Hay muchos tipos de prāṇāyāma. Una técnica simple es primero observar el flujo natural de la respiración. Advierte cómo tu respiración casi siempre es rápida y superficial.

Luego permite que las exhalaciones y las inhalaciones se alarguen. Al extenderse el tiempo de la exhalación y el de la inhalación, la mente se vuelve más tranquila.

Al soltar cada respiración permite que esta vacíe la mente. Deja que los pensamientos se vayan. Luego toma aire fresco y suéltalo nuevamente.

Puedes hacer esto durante el día, cuando te encuentres atareado en tus asuntos. Dedica un momento a enfocar tu atención en el tercer ojo, en el espacio del entrecejo, y respira durante aproximadamente dos minutos. Descubrirás la diferencia que eso produce. Te lleva a tu centro.

Aprende a estar centrado en todo momento— cuando te hacen daño, cuando te enojas, cuando te disgustas, cuando odias, cuando amas. Entonces lo que haces y dices viene de un espacio de luz. No siempre serás capaz de permanecer centrado, pero cada vez que te conectes verdaderamente con tu centro, todo lo que hagas vendrá de ese espacio de Verdad.

Las escrituras yóguicas dicen que tal vez no seamos capaces de controlar la mente de manera directa, pero por medio del control de la respiración podemos alcanzar el control de la mente.

10

DESCARTA LO INÚTIL

CUANDO ADQUIRIMOS la habilidad de permanecer sentados cobramos conciencia de que nuestra mente tiene muchos pensamientos.

Entrena tu mente durante todo el día para tener la menor cantidad posible de pensamientos. Descarta los pensamientos inútiles.

Así como llenas tu cesto de basura con cosas que no quieres, enséñate a no guardar lo que no es útil en tu vida.

Cuando estás rodeado solo de cosas útiles tu mente se pude enfocar. ¿En qué te enfocas? Enfócate en cada acción que lleves a cabo. Ten claridad acerca de esa acción y concéntrate en ella.

11

ALEGRÍA

UN MILLÓN DE DÓLARES podría causarte alegría.

Pero tan pronto desaparezca el millón de dólares tendrás que correr de vuelta a Las Vegas o a Atlantic City.

Lo que es verdaderamente bueno permanecerá siempre contigo. La alegría no depende de ninguna fuente externa. Proviene de tu propio corazón.

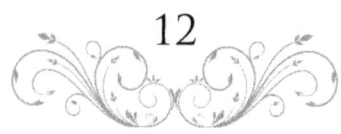

12

LA MENTE NOS MANTIENE ATADOS

SE DICE en las escrituras que cuando Dios creó esta Tierra le dio a los humanos el entendimiento para que, si quisieran volver al Absoluto, lo pudieran hacer.

Por supuesto que eso no iba a funcionar. Tan pronto una persona pensara: "¡Esto no es divertido!", simplemente se fundiría nuevamente con el Absoluto.

Por lo tanto, Dios tuvo que crear un medio por el cual los humanos se mantuvieran activos.

Cualquier escritura que leas habla muy poco acerca de Dios. Habla de la mente. Ello se debe a que la mente es lo único que nos mantiene activos.

Incluso, si digo algo ahora vas a pensar: "¿Estoy de acuerdo con él? Quizá sí... quizá no".

Solo cuando se tienen experiencias de paz y alegría más allá de la mente se puede tener una probadita del sabor de la libertad. Hasta entonces te encuentras atado por la mente. Todo lo que conoces es una creación de tu mente.

Si vivo en India es probable que pueda imaginar cómo es América. Pero si estoy en América sé cómo es esta. Cuando hayamos tenido nuestra propia experiencia directa podremos saber y decir: "Esto es lo que quiero".

Los sabios nos dicen que somos esclavos de la mente. Cuando vamos más allá de la mente ya no somos sus esclavos. Por el contrario, la mente es nuestra esclava. Si queremos pensar, la mente pensará.

Ahora bien, si digo: "Nos sentaremos en silencio", posiblemente te sientes en silencio exteriormente, pero la mente puede seguir en movimiento. Por fin, llegas a un punto en el que puedes decir: "Quiero estar en silencio". Es como apagar un interruptor para que la mente pueda aquietarse. Cuando has tenido esa experiencia, sabes lo que es ser libre.

CADA PENSAMIENTO GENERA UNA ONDA

EN LA MEDITACIÓN, en la medida en que te concentras en tu respiración te vuelves consciente de la gran variedad de cosas que causan perturbaciones en tu mente.

Imagina un estanque. Alguien se encuentra en la orilla lanzando guijarros al agua. El agua empieza a hacer ondas. El primer guijarro, el segundo, el tercero, el cuarto, cada uno hace que se propaguen más ondas.

De igual manera, cuando la mente está quieta cada pensamiento provoca una onda. Más pensamientos significan más ondas. Y cuando esos pensamientos se combinan con las emociones se vuelven como grandes trozos de tierra que surgen del fondo del estanque.

Si la mente está agitada, cualquier emoción que surja actúa como combustible. Pero si la mente no está agitada esa emoción se disipa después de algún tiempo.

La gente pregunta: "¿Cómo puedo controlar mis celos? ¿Cómo puedo controlar mi ira?".

En el segundo capítulo de la *Bhagavad Gītā*, Śrī Kṛṣṇa dice que ninguna persona debe dejarse perturbar por los pensamientos que producen ondas en su mente.

Esto es lo que queremos hacer en la meditación. Queremos entender nuestra mente, para que cuando surjan las emociones no se vea afectada por ellas. Deja que la mente esté quieta. Deja que la mente permanezca estable. Deja que la mente esté enfocada.

14

LIMPIA LA MENTE CAPA POR CAPA

RECIENTEMENTE ESTUVE EN MÉXICO y alguien preguntó: "¿Cuánto tiempo toma limpiar la mente?".

El salón donde estábamos tenía grandes ventanales, así que dije: "El tiempo que lleva limpiar una ventana depende de cuán sucia esté la ventana. Luego, dependiendo de cuánta tierra entre al salón, debes seguir limpiando constantemente para mantenerla limpia".

Añadí: "La primera vez que ves tierra en la ventana, piensas: '¡Esto me va a costar un montón de trabajo!' Trabajas con esmero y pronto dices: 'Bien, ahora está limpia.' Pero cuando das un paso atrás y miras con más cuidado observas que no está realmente limpia, solo has limpiado la primera capa".

Puedes aplicar el mismo concepto a la meditación. Excepto que no puedes ver qué tan limpia ha quedado tu mente: tienes que saberlo.

Al principio, mientras te observas a ti mismo verás solo cambios menores. La capa superior ha quedado limpia. Gradualmente, mientras meditas, los sentidos van quedando bajo tu control. En vez de que la mente piense constantemente: "Quiero esto, quiero eso, quiero aquello", comienza a disfrutar lo que tiene.

15

EL CONOCIMIENTO ESTÁ EN EL INTERIOR

COMO SERES HUMANOS con mentes y egos queremos entenderlo todo. Pero si observas la vida que has vivido todos estos años, ¿cuánto entiendes realmente acerca de todo lo que pasa?

Por ejemplo, ¿cómo te vas a dormir? ¿Cuál es el proceso que ocurre? Duermes desde que eras pequeño y a pesar de ello no sabes cómo es que te quedas dormido. Y, ¿qué es lo que te despierta en las mañanas?

Si no entendemos estos asuntos que están relacionados con el cuerpo, ¿cómo podemos empezar a entender todo lo que los sabios intentan explicarnos?

Sin embargo, en la medida en que cantamos, en que adoramos, el significado de estas prácticas se revela por sí mismo. El conocimiento surge desde adentro.

16

HABLA CON TU REFLEJO

NO SIEMPRE SABEMOS qué es lo que está ocurriendo en nuestro interior. Por supuesto que lo sabemos, pero pensamos que no.

Así que sugiero buscar un espejo. Estoy seguro de que tienes un pequeño espejo en tu bolsa, tu cartera, o en algún lugar.

Mira a la persona que ves en el espejo y devuélvele una sonrisa. O puedes fruncir el ceño y luego pensar: "No, no, no me gusta ese ceño fruncido", y a cambio de eso sonreírle.

Es un reflejo, por supuesto. Ten una conversación con ese reflejo.

Puedes decir: "Nityānanda, sonríe".

Cuando ese Nityānanda sonríe, este Nityānanda sonreirá. Por lo tanto, ese Nityānanda también estará sonriendo. Entonces el yo, el ātman, mira y dice: "Fíjate Nityānanda, ¡estás sonriendo!".

Y él dice: "Sí, estoy sonriendo".

Así que le dices: "Sigue sonriendo".

Es muy divertido. De pronto eres el testigo que ve el reflejo y habla con él, pero en realidad estás hablando contigo mismo. Estás engañando a tu propia mente.

17

EL SONIDO DE DIOS

DE ACUERDO CON LA filosofía del Shaivismo, todo lo que vemos como formas, como materia sólida, no es más que la vibración de la energía del sonido de Dios. Es el sonido de *Oṁ*.

Cuando acercas tu oído a una caracola escuchas el sonido del océano. Escuchas *Oṁ* en esa caracola.

Todo en este mundo está lleno de sonido. A través del mantra podemos conectarnos con ese sonido en su forma más sutil.

18

DEJA QUE TU MENTE VIBRE CON OM

LA PALABRA *mantra* está compuesta por dos palabras sánscritas: *man* y *tra*. *Man* es la mente y *tra* es aquello que nos redime, que nos libera de la mente.

Si queremos experimentar el sonido en su nivel más profundo debemos cambiar la mente de todos nuestros pensamientos mezquinos al sonido en la forma de Dios.

La misma mente que está vibrando ahora con todos estos pensamientos: "Me gusta esto, me gusta aquello; odio esto, odio aquello", en vez de eso debe vibrar con el sonido de Dios en todo momento.

19

EL MANTRA ES EL VEHÍCULO

¿POR QUÉ REPETIMOS el nombre de Dios? Lo hacemos porque la mente tiene la tendencia a pensar.

Por lo general, solo decirle a la mente que se quede en silencio no es suficiente para que se aquiete.

La mente necesita algo en qué enfocarse. Necesita una herramienta. El mantra es esa herramienta.

Baba comparaba el mantra con un automóvil. Un automóvil es un vehículo que te lleva a tu destino, a tu hogar. Cuando llegas a tu destino bajas del vehículo y entras a tu hogar.

20

UN CABALLO ES UN CABALLO

MUCHAS PALABRAS empezaron a existir hace mucho tiempo. Creemos que un caballo es un caballo porque todo el mundo lo llama caballo.

De la misma manera, en el sendero espiritual el maestro nos enseña a repetir un mantra que se ha usado durante mucho tiempo.

Mediante la repetición y contemplación constante de ese mantra el maestro llegó a la experiencia de la Verdad dentro de sí mismo. Al darnos el mantra él intenta transmitir y compartir la experiencia de la Verdad.

21

VERDAD

LA VERDAD ES LA EXPERIENCIA que tenemos cuando estamos felices y contentos, cuando no hace falta decir nada. Nos sentimos plenos. No queremos nada de nadie. Solamente estamos aquí.

No es necesario hacer nada excepto reconocer esa Verdad que está presente en nuestra vida.

22

DEJA QUE EL MANTRA DOMINE TUS PENSAMIENTOS

¿CUÁL ES LA DIFERENCIA entre una lámpara de luz de diez watts, una de veinticinco watts y una de cien watts? Todas se ven igual y la electricidad que llega a ellas es la misma, pero la capacidad de cada lámpara es diferente.

De la misma manera, cuando se trata de repetir un mantra cada individuo es diferente. Cuánto poder del mantra puedo resistir, cuánto puedes aguantar tú, cuánto puede soportar aquel otro, será diferente. Dependiendo de nuestra capacidad, cada uno recibe un "voltaje" diferente del mantra.

Ahora mismo tus pensamientos deben estar ardiendo a ciento cincuenta watts y el mantra a veinticinco watts, así que el brillo de los pensamientos domina el del mantra. En la medida en que continúas la práctica, gradualmente el resplandor de los pensamientos disminuye y el del mantra se incrementa.

El mantra que recibimos del Guru enciende la llama en nuestro interior.

Eso puede sentirse como si a una lámpara de cien voltios le hubieran puesto una carga de doscientos voltios. Por un momento está bien, pero si la corriente continúa, la lámpara se quemará.

Hemos recibido conocimiento pero no sabemos cómo contenerlo. Así que anhelamos tener esa experiencia nuevamente. Sentimos: "Queremos esa paz, esa alegría".

El Guru dice: "Puedes tenerlas, pero debes hacer estas prácticas y llegar tú mismo hasta ahí".

Llegar nosotros mismos hasta ahí significa purificar la mente, purificar el ego, limpiarnos a nosotros mismos. Hacemos yapa, que es la repetición del mantra, y otras prácticas para llegar a mantener ese estado.

23

DEJA QUE LA YAPA VAYA AL CORAZÓN

.LOS SABIOS NOS DAN una técnica para hacer yapa usando una *mālā* de cuentas.

Coloca el dedo anular y pulgar juntos y usa el dedo medio para pasar las cuentas. No el dedo índice, sino el dedo medio. Esto establece una conexión directa con el corazón.

Quizá hayas visto a un sacerdote metiendo sus cuentas en una bolsa de tela. Los sabios recomiendan esto. Porque de lo contrario alguien podría observarte y pensar: "Está haciendo yapa", y así lanzar un mal pensamiento sutil hacia ti.

Tendemos a pensar en los pensamientos como malos en el sentido de que son negativos o equivocados. Pero incluso si alguien te mira y te dice: "Qué hermoso", puede haber un matiz de envidia detrás de ese pensamiento.

Inmediatamente tu ego se siente bien de que alguien haya dicho: "Qué hermoso". Pero luego sientes un cambio en ti, un cambio en tu energía. Comienzas a preguntarte: "¿Hay una mancha en mi ropa? ¿Se movió mi collar? ¿Se arruinó mi maquillaje?". Pero en realidad es esa envidia tácita detrás del "qué hermoso".

Por eso los sabios dicen que es mejor practicar en nuestro propio espacio y hacerlo en silencio. Cuando hagas yapa hazla bajo un manto o dentro de una bolsa de tela.

Hazla cerca del corazón. Deseas que el mantra entre directamente al corazón porque ese es el espacio donde la mente habita en este cuerpo.

24

UN MILLÓN DE REPETICIONES

EN INDIA existe una tradición de hacer cien mil, quinientas mil o un millón de repeticiones del mantra. Las escrituras señalan cuántas repeticiones se deben hacer cada día para llegar a las cien mil o al millón.

Algunas personas que han leído eso en una escritura piensan que si hacen un millón de repeticiones alcanzarán la meta. Así que cuentan cada vez que repiten el mantra. Y luego dicen: "¡He hecho muchísimas!", o bien: "Solo me falta este tanto más".

Lo que yo pueda decirles no los iluminará en ese momento, porque están deseando llegar al final de esas doscientas mil repeticiones que faltan. Así que río para mis adentros y pienso: "¿Entonces qué? Estarás más frustrado porque al final de ese millón de repeticiones no te sentirás diferente de como estabas cuando empezaste con la número uno."

Esto no quiere decir que un millón de repeticiones del mantra no marcará una diferencia. Por supuesto que la habrá. Te habrás dado cuenta de que un millón de repeticiones no sirve para nada a menos que entiendas lo que estás haciendo.

Otros toman su mālā en diferentes momentos durante el día y hacen unas cuantas repeticiones. Luego la dejan y se ocupan de sus asuntos. La toman, hacen yapa, y la dejan. Los sabios no alientan esto porque no se está haciendo lo que se supone que se debe estar haciendo, ni tampoco se está haciendo yapa.

Por supuesto que podrías argumentar: "¿No es mejor hacer eso que no hacer nada?".

Yo creo que lo mejor es enfocarte en tu trabajo, finalizar tu tarea y luego encontrar quince minutos para hacer yapa. Durante esos quince minutos enfócate completamente en el mantra.

25

PRATYĀHĀRA

PRATYĀHĀRA, el repliegue de los sentidos, es una práctica muy importante para la meditación y para la vida. La mente corre hacia el mundo exterior a través de los sentidos. Cada vez que los sentidos salgan hacia el mundo, recuerda siempre traerlos de vuelta.

El sueño no es sino una forma de pratyāhāra. Todos nuestros sentidos se repliegan cuando dormimos. Pero el sueño es un estado inconsciente. En él no estamos conscientes de todo lo que sucede a nuestro alrededor.

Cuando llevamos a cabo pratyāhāra de manera consciente, replegando los sentidos de manera consciente, descubrimos que comenzamos a experimentar contentamiento. Comenzamos a experimentar paz y dicha.

En la meditación queremos alcanzar *samādhi*, la absorción total en lo divino. Pero primero debemos estar contentos. Si no se experimenta contentamiento no podemos permanecer quietos, no podemos enfocarnos y no podemos ir hacia nuestro interior.

Así que lo primero que debemos aprender es a estar contentos con ser quienes somos, contentos con lo que tenemos, contentos con la vida, contentos con todo lo que ocurre a nuestro alrededor.

26

CIERRA LA PUERTA DE LOS SENTIDOS

CUANDO MIRAMOS un objeto no es el ojo, sino la mente a través del ojo, la que percibe el objeto. También, es a través de la mente como el ojo disfruta del objeto. El ojo es solamente el órgano sensorial, la puerta a través de la cual la mente goza de lo que se ve.

Lo mismo ocurre con el sonido. El oído es la puerta por la cual la mente disfruta del sonido. De igual manera, la nariz es la puerta por medio de la cual la mente disfruta del olor. La boca es la puerta a través de la cual la mente disfruta del sabor.

En la meditación queremos cerrar estas puertas para que la mente absorba menos.

Mucha gente piensa: "Durante una hora me sentaré silenciosamente, con las puertas de los sentidos cerradas, pero durante las veintitrés horas restantes todas la puertas permanecerán abiertas y funcionando".

Entonces vienen a mí y dicen: "Yo solía creer en todo esto de la meditación, pero ya no".

Imagina que estás en una habitación fría y enciendes el sistema de calefacción, y al mismo tiempo abres todas las puertas y ventanas. Y luego te quejas de que la habitación no se calienta.

Cualquiera que pase se reirá y te dirá: "¡Cierra las puertas!".

Pero tú respondes: "No, también me gusta sentir el aire fresco."

Cuando las personas se sientan a meditar por una hora pero dejan las puertas de los sentidos abiertas de par en par el resto del tiempo, no pueden culpar a la meditación. Yo les digo a tales personas: "Si cierras las puertas, puede que funcione". Pero no todas quieren escuchar.

27

UNA MENTE FUERTE

CUANDO VIAJO por el mundo y visito las casas de las personas, veo que lo primero que hacen al levantarse es encender la radio.

Yo les pregunto: "¿Por qué?".

Y ellas contestan: "¡Para despertarme!".

Se han vuelto dependientes de alguien más para despertar. ¿Cómo se puede esperar que una mente tan débil medite?

Primero la mente debe volverse fuerte.

En la medida en que la mente gana fuerza, poco a poco los sentidos se someten a nuestro control. Cuando tenemos el control en todo momento experimentamos *manaḥprasādaḥ*, la alegría de la mente. Recibimos las bendiciones de la mente. Solo entonces podemos profundizar en la meditación.

28

CONVIÉRTETE EN EL TESTIGO DE TU MENTE

NO DEBEMOS CONDENAR a la mente. La mente es lo más valioso que Dios nos ha dado, porque la mente es capaz de distinguir entre la Verdad y lo que solamente es la experiencia que estamos teniendo en este momento.

Las *Upániṣads* dicen que lo que queremos experimentar es lo que impulsa la mente. Dios no es aquello que es pensado por la mente, Dios es eso por lo que la mente piensa.

Queremos llegar al origen de la mente.

Cuando llegamos a la fuente podemos divertirnos con la vida. No lamentamos hacer nada de lo que hacemos. No tenemos que sentirnos infelices ni deprimidos ni tristes, porque hemos aprendido a convertirnos en testigos.

29

VIVE CON ENTUSIASMO

CUANDO VIVIMOS con entusiasmo, con alegría, con deleite, con pasión, toda la vida parece estar llena de ello. Hay alegría en el rostro. El cuerpo exuda paz. Todo es maravilloso. Todo fluye.

Pero cuando vivimos con miedo la vida parece estar llena de ansiedad y de obstáculos. Cuando estamos mal, lo único que hacemos es quejarnos y reclamar. Decimos: "Quisiera sentirme igual que ayer".

Sin embargo, puede ser como ayer si nos damos cuenta de que todo lo que está ocurriendo en este momento pasará. Podemos salir adelante. La alegría y las cosas maravillosas estarán allí de nuevo.

Para ello cantamos. Meditamos. Nos ponemos en contacto con nuestro verdadero Ser.

30

ESPIRITUALIDAD A LA CANASTA

EN EL MUNDO actual pensamos: "El hinduismo dice esto; el budismo dice esto; el cristianismo dice esto; el judaísmo dice esto; el islamismo dice esto." Decimos: "¡Todo es uno!". Tomamos las diferentes enseñanzas y prácticas y las mezclamos y decimos: "Bien, ahora conozco la Verdad; la conozco porque estoy más allá de todo".

Todos hemos tenido comidas a la canasta. Ya sabes de qué se trata. Alguien trae un recipiente de comida china. Alguien trae un recipiente de comida hindú. Alguien trae un recipiente de comida italiana. Observas la bandeja y no puedes decidir qué sabor quieres disfrutar: la salsa de soya, el curry o la salsa de tomate. Y dices: "Bueno, es a la canasta, así que me adapto a lo que hay".

Pero si la persona encargada de coordinar lo hubiera hecho correctamente, habría dicho: "Este va a traer esto, aquel va a traer aquello, aquel otro va a traer esto otro". Y todo junto combinaría bien.

Lo mismo sucede en nombre de la religión. La gente intenta tomar un poquito de esto, algo de aquello, un tantito de otra cosa. Y piensa: "Ya lo tengo".

Cualquiera que sea la tradición espiritual, cualquiera que sea el sendero que elijas, apégate a él y síguelo. Permite que su sabor se quede contigo.

31

YO SOY ESO

LA MENTE NECESITA algo en qué enfocarse, así que usamos el mantra *So'ham*, o *Hamsa*. El significado simple de *So'ham* es: "Yo soy Eso".

El Shaivismo dice que *So'ham* es el sonido que hace la respiración cuando inhalas y exhalas. Las escrituras dicen que sucede 21,600 veces al día. Si fuéramos capaces de repetir el mantra todas esas veces, sería maravilloso.

Al principio puedes usar *So'ham* como una manera para concentrarte, pero a medida que continúas la práctica llegas a escuchar a tu respiración haciendo ese sonido.

Por medio de la conciencia pasamos de identificarnos con lo que sea que nos identifiquemos en este preciso momento, a identificarnos con la Verdad "Yo soy Eso".

32

NO HAY NADA EN QUÉ CONVERTIRSE

HOY EN DÍA hacemos muchas cosas en nuestro esfuerzo por llegar a ser perfectos. Liberamos negatividad. Intentamos volvernos individuos integrales. Intentamos hacer esto o aquello. Del mismo modo, consideramos nuestra búsqueda espiritual como algo que queremos llegar a ser.

Con el tiempo llegamos a un punto en donde todo eso —lo que yo llamo parafernalia espiritual— ya no importa. Lo que importa es el estado de nuestra mente.

Si la mente misma no está en paz; si no ha entendido qué significa "Yo soy Eso," entonces todo lo demás no es más que un envoltorio exterior.

Cuando la mente alcanza una experiencia profunda de "Yo soy Eso", realmente has entendido qué es la meditación. En ese espacio no hay nada en qué convertirse. Es un espacio de alegría. Simplemente estás feliz siendo quien eres. Te das cuenta de que no tienes que hacer nada para complacer a nadie. Tampoco tienes que hacer nada para complacerte a ti mismo. Solo puedes quedarte contento, quieto.

Cuando la gente pregunta: "¿En qué se supone que me tengo que convertir?", yo les digo que en mi experiencia no hay nada en qué convertirse. Si acaso, tenemos que convertirnos en nada.

33

LA RUEDA DE COLORES

CUANDO OBSERVAMOS la mayoría de las experiencias de la vida vemos que al final de ellas hay dolor. La mayor parte de las cosas que hacemos resultan placenteras en ese momento o durante algún tiempo. Pero al final provocan dolor. Con el tiempo es probable que algún órgano de nuestro cuerpo se convierta en la causa de ese dolor.

Los sabios quieren que cobremos conciencia de que nuestro apego a todas las cosas transitorias es la causa de los movimientos de la mente que llamamos *vikalpas*, los cuales están llenos de dolor.

A lo largo de otras vidas hemos estado en situaciones dolorosas y los patrones se repiten. Cuando nos acercamos a un sabio, él intenta señalarnos cómo podemos liberarnos de estos patrones.

Estoy seguro de que han visto esas grandes lámparas que producen un centelleo de colores rojo, verde, azul, amarillo, blanco, a medida que giran. Para mí, esa rueda de colores es como los diferentes vikalpas. Parece como si la lámpara misma cambiara de color, pero en realidad no lo ha hecho. El color de su luz solo cambia transitoriamente a medida que la lámpara gira.

De la misma manera, la Conciencia existe intacta, inmutable. Pero los vikalpas de nuestro interior surgen y colorean esa Conciencia.

Por ejemplo, dos personas se enamoran. Exesposos y exesposas siempre están de acuerdo conmigo en esto. Cuando se conocen por primera vez, él o ella es lo mejor que les ha pasado en su vida.

Cinco, diez, veinte años después —o incluso cinco minutos después— el vikalpa cambia de verde, lleno de amor, al rojo: "¡Alto! ¡Él es lo peor que pudo haberme pasado en la vida!".

La persona es quien es. No ha cambiado. Tienes que mirar hacia dentro y preguntar: "¿Qué es este vikalpa?".

El yoga nos enseña a estar conscientes del cambio constante en los patrones de los vikalpas. Date cuenta. No vivas en la rueda de colores: ¡Rojo, verde, amarillo! ¡Rojo, verde, amarillo! ¡Rojo, verde, amarillo!

A veces, cuando jugamos con nuestros vikalpas, dependiendo en qué color esté la otra persona, él o ella responden en consecuencia. Si sucede que ambos tenemos vikalpas amarillos, ¡maravilloso! Pensamos: "¡Perfecto, estamos en sintonía!".

Pero entonces el amarillo cambia a rojo o verde o azul o negro y te preguntas: "¿Cómo pude pensar que podía funcionar con esta persona?".

Como yogui aprende a no permitir que te afecte la rueda de colores. Entiende que eso también pasará. Lo que sientes en este momento es solo un sentimiento pasajero que un vikalpa está creando dentro de ti.

34

ENALTÉCETE A TI MISMO

CUANDO SENTIMOS DOLOR vamos al lugar que hemos decidido que es nuestro templo de Dios o a algún lugar de oración y nos sentamos ahí. Hablamos con lo que no vemos. Lloramos. Reímos.

Y eso que no vemos nos responde. No escuchamos palabras físicas por medio de los oídos, y sin embargo nos sentimos reconfortados.

Pregúntate: "¿Quién es aquel que me sostuvo contra su pecho? ¿En qué regazo estuve sentado? ¿Quién ha aligerado mi sufrimiento y dolor?"

La *Śrīmad Bhagavad Gītā* dice: "Uno debe enaltecerse a uno mismo por uno mismo."

Siempre que encuentres que algo triste o doloroso está sucediendo, recuerda hablar con aquel que no ves. Y las respuestas llegarán.

Puedes meterte en tu coche. Abrir las ventanas. Levantar el techo corredizo. Poner música a todo volumen. Y después de unos momentos te preguntarás: "¿Por qué hice lo que hice?". Porque siempre y cuando no consientas un mal sentimiento, la mente lo dejará ir.

Eso es lo que nos da el yoga.

Enaltécete a ti mismo. Cada momento, cada año, cada mes; elévate a ti mismo. No te quedes mucho tiempo donde estás. Cuanto más rápido salgas de ahí, más rápido avanzarás en la vida.

35

EL SUPERPODER INTERIOR

TODO EL MUNDO PIENSA: "Voy a encontrar un superpoder, me voy a conectar a ese poder y entonces mi trabajo quedará hecho".

Debemos darnos cuenta de que el superpoder no existe en ninguna parte. Se encuentra dentro de nosotros.

Siempre pensamos: "Con que me aferre al faldón de su camisa y me le pegue…". Pero el yoga trata acerca de la independencia. Acerca de la libertad, de ser capaces de sostenernos por nuestros propios pies. De encontrar nuestra propia opinión y llegar a nuestras propias conclusiones.

36

EL RÍO DE LA VIDA

CADA SER HUMANO nace en el río de la vida.

Este río tiene dos orillas: la orilla con forma y la orilla sin forma. La orilla con forma es el mundo con sus distintos deseos, anhelos y necesidades. La orilla sin forma es la divina, es Dios.

Al haber nacido en este río de la vida nos vemos arrastrados constantemente por los deseos del mundo. Mientras estemos llenos de necesidades y deseos, el mundo nos tiene atrapados. Tenemos muchas buenas razones para explicar por qué somos arrastrados a la otra orilla del mundo.

Tukārām Mahārāj dice que las malas acciones que llevamos a cabo en una vida pasada llegan como enfermedad a nuestra siguiente vida. Podemos consultar a grandes médicos, pero ellos no tienen el poder para eliminar las malas acciones cometidas en una vida anterior.

Solo aquel que ha sido bendecido por Dios tiene ese poder. Por lo tanto, tenemos que tomar las manos del hombre sagrado, del santo, del Guru, que han sido bendecidas por el Señor. Al sostener las manos de estas personas nuestro destino es purificado por la gracia de Dios.

LA ADORACIÓN DE LA FORMA ES UN SENDERO HACIA LO SIN FORMA

UNA DE LA PREGUNTAS que surge en la mente de las personas es: "¿Debo seguir el sendero de la adoración de un ídolo, o debo seguir el sendero de lo sin forma, donde no hay adoración externa como tal?".

Si nos sentamos a meditar sin una forma en la cual enfocar la mente, sin ningún objeto ni punto de referencia, la mente tiende a correr en diferentes direcciones. Pero si tiene un foco, una forma a la cual adorar, puede volverse unidireccional.

A medida que nos elevamos por encima de la mente y de las formas de pensamiento que esta crea constantemente, podremos comenzar a soltar esa forma.

Un avión vuela a través del aire, pero necesita una pista para despegar. De la misma manera, las variadas prácticas que hacemos ofrecen un medio a través del cual podemos llegar a la experiencia de la divinidad. Entonces podremos morar en el cielo de la unidad.

38

AMA A TU SER

SI ALGUIEN NOS DICE: "Ama a tu Ser", eso no es tan fácil. No podemos ver al Ser. En realidad no sabemos muy bien qué es el Ser.

Así que se le da una forma al Ser: ya sea Śiva, Rāma, Kṛṣṇa, o cualesquiera de entre la miríada de deidades que existen.

Nos sentimos atraídos hacia esta deidad, le tenemos afecto. Como devotos, honramos y adoramos a la deidad que hemos elegido. Llevamos a cabo rituales y ceremonias. Al meditar en nuestra deidad, absorbemos las cualidades de ese Ser, del Guru, de Dios.

Con el tiempo, cualquier sentido de diferencia entre nosotros y nuestro Amado se disuelve.

39

¿QUIÉN ES EL GURU?

UN VERSO DE LA *GURU GĪTĀ* dice: "Ofrezco mis salutaciones a *Śrī Sadguru*, que es dicha Absoluta, siempre atento, siempre en reposo, siempre en estado de libertad. Su mente es pura como el cielo, siempre enfocado en la experiencia 'Yo soy Eso'. Conociendo a ese Uno que no tiene un segundo, él es eterno, libre de todas las impurezas. Él es inmutable, situado dentro de todos nosotros como testigo de todo lo que ocurre, más allá de todos los sentimientos, pensamientos y emociones, libre de las tres *guṇas*. A ese Sadguru le ofrezco mis salutaciones".

Este verso abarca todo lo que uno necesita saber y entender acerca del Guru.

Sin embargo, cuando vivimos con el Guru vemos a un humano que luce como nosotros, habla como nosotros, come como nosotros, se despierta como nosotros y va al baño como nosotros. Así que la mente piensa: "¿Puede él ser un santo? Yo creí que un santo no hacía todas esas cosas".

Las escrituras nos recuerdan que un gran ser solo adopta la forma humana para venir a vivir y trabajar con nosotros, por el bien y el progreso de la humanidad. Por supuesto, cada santo también tiene su propio *prārabdha* karma, el karma asignado a él en esta vida y por el cual tiene que pasar.

La diferencia entre un ser humano común y uno establecido en el estado de unidad con la divinidad, es que el Guru es el maestro de su mente, no su esclavo. La mente del Guru siempre está enfocada en la divinidad, y no la distrae ni la perturba nada de lo que ocurre a su alrededor.

40

EL GURU TE CONDUCE HACIA LA VERDAD

BABA NO NOS HACÍA SENTARNOS cada día para decirnos: "Hoy les voy a enseñar esta técnica de meditación", o "Les voy a enseñar esta manera de respirar". Simplemente vivíamos con él, trabajábamos con él, y pasábamos nuestro tiempo a su lado. Si alguna vez aflojábamos el paso o nos volvíamos un poco perezosos, aparentemente él se enojaba mucho. Y de esa manera aprendíamos.

No hay libros que digan: "Así es como se comporta un Guru". ¡Así que ponte alerta! Las escrituras solamente dicen que el Guru te conducirá a la experiencia de la Verdad.

41

SÉ CONSCIENTE EN TODO MOMENTO

BABA NO NOS enseñó canto y meditación para que nos quedáramos sentados en un mismo lugar.

Para aquellos que vivían con él, deseaba que la conciencia de la Conciencia, la comprensión de la Conciencia y la experiencia de la Conciencia permanecieran desde el instante en que te despertabas y durante todo el día, hasta el momento en que te ibas a dormir y aun durante el sueño.

42

ABRE TUS OJOS

SI CONTEMPLAS EL AMANECER verás que, a medida que el Sol se eleva, la oscuridad simplemente se desvanece.

En el momento de esa luz no piensas: "¿Dónde está la oscuridad?". Solamente aprecias la luz.

De la misma manera, cada uno de nosotros puede aprender a estar siempre lleno de luz. Cuando hay luz no hay oscuridad.

Pero algunas veces pensamos: "¡Es demasiada luz!", y cerramos los ojos.

El Guru simplemente nos dice: "Abre tus ojos". Y la luz está allí.

43

SIGUE PEDALEANDO

A MEDIDA QUE MEDITES, la luz interior brillará cada vez más resplandeciente.

Toma el ejemplo de la dínamo de una bicicleta. Para que la luz permanezca encendida, la rueda debe mantenerse en movimiento; la dínamo tiene que seguir girando. Puede permanecer encendida durante unos instantes por sí sola. Pero para mantenerla bien iluminada tienes que seguir pedaleando. Por supuesto, la cadena también debe estar conectada. De lo contrario, te esfuerzas en avanzar pero no vas a ninguna parte.

44

LA PERLA AZUL

LOS SABIOS HABLAN sobre los cuerpos sutiles, o cuerpos de energía en nuestro interior como luz. Tukārām Mahārāj dijo que experimentó rojo, blanco, negro, amarillo y diferentes colores. Dependiendo del estado interior de una persona verás diferentes colores emanar de él o ella. Las personas modernas lo llaman aura.

Baba solía decir que cada vez que veía a alguien acercarse hacia él, primero veía luz. No veía al individuo, todo lo que veía era luz. Para él, esa era la luz del Ser, a la que él llamaba la Perla Azul.

Decía que cuando estaba en el proceso de meditación, a veces veía la Perla Azul yendo y viniendo. A medida que se estableció en su experiencia de meditación, esa luz azul se volvió estable.

Baba dijo que la Perla Azul vive en cada uno, por lo tanto todo el mundo es bueno.

Por lo tanto, piensa buenos pensamientos. Habla buenas palabras. Realiza obras buenas. Lleva una buena vida.

Por supuesto, cada uno de nosotros debe pensar sobre lo que significa el bien para nosotros. Tenemos que alcanzar la comprensión de que todas las cosas que hacemos, pensamos, vemos, escuchamos, comemos, y así sucesivamente, se alimentan entre sí.

45

EL ESTADO DE TU CORAZÓN

SI NOS AMAMOS a nosotros mismos y tenemos compasión por nosotros mismos, entonces el odio no puede existir en nuestro interior. Solamente hay bondad. Cada pensamiento, cada acción, cada momento está lleno de amor. No importa lo que esté sucediendo; incluso si llega nuestro enemigo simplemente expresamos amor y bondad.

Sin embargo, algunas personas piensan: "Lo que importa es que los demás me vean dulce y amable. Basta con que mi comportamiento sea amoroso y generoso y que mi forma externa no sea malévola".

Pero el yoga dice que no, que lo que importa es lo que está sucediendo en el interior. Tú puedes aparentar ser amable en la superficie, pero el estado de tu corazón es lo que cuenta. Cuando el corazón está inmerso en la no violencia eres libre de realizar acciones que sean apropiadas a las circunstancias.

46

EXPANDE TU UNIVERSO

EL OTRO DÍA alguien estaba intentando subir las escaleras que están junto a Shrinivas, y una ardillita rayada no quería quitarse. La persona me decía: "¡No quiere moverse! ¡No se va a quitar!".

Yo le dije: "Ella quiere quedarse sentada donde está y que tú te muevas. No ve por qué crees que ella sea la que tiene que quitarse. No puede comprender por qué no puedes irte por otro lado. Pero tú sigues ahí parado diciéndole: '¡Muévete!' Y ella piensa: '¿Qué?'".

Somos graciosos, ¿no es cierto? Siempre pensamos que el otro es quien tiene que quitarse. Nunca pensamos que uno es quien tendría que moverse.

El yoga nos enseña constantemente a aprender a fluir, a movernos, a ser flexibles. La vida es hermosa si somos capaces de estirarnos, de expandirnos.

Tendemos a permanecer contraídos dentro de nuestro propio universo. No nos queremos expandir. Pensamos: "¿Por qué tendría que hacerlo? Que él se expanda, que ella se expanda". La cuestión es que el otro individuo piensa lo mismo.

¿Cómo comenzar a expandirte?

Yo diría que lo primero es observar lo que haces en la vida todos los días, y hacer eso mismo un poco diferente cada día.

¿Cómo? Eso tú lo tienes que averiguar.

47

PASA TIEMPO EN TU PROPIA COMPAÑÍA

CADA DÍA pasa tiempo en tu propia compañía. Desprovisto de televisión, desprovisto de tu teléfono móvil, desprovisto de una computadora, desprovisto de todo lo externo. Hasta de libros.

Tómate al menos quince minutos cada día solo para estar contigo. Pregúntate a ti mismo: "¿Dónde estoy? ¿Soy una mejor persona? ¿Un mejor hijo o hija? ¿Un mejor hombre, mujer?".

Cada día toma tiempo para sentarte contigo mismo y así sabrás quién eres cuando entres a la sociedad.

48

ABRÁZATE A TI MISMO

INTENTA ESTO. Ve hacia un espejo, párate frente a él y abrázate a ti mismo.

Si nunca lo has hecho, ve y hazlo. No porque te falte nada, sino solo para que sientas lo que es amarte a ti mismo.

Mírate sonreír. Mira tus ojos. Imagina si pudieras salir al mundo sintiéndote así.

49

¿POR QUÉ REACCIONAR?

A MEDIDA QUE AVANZAS en el proceso de la sādhanā empiezas a volverte más consciente de ti mismo. ¿Qué hace la mayoría de los humanos? Reaccionamos. Reaccionamos constantemente, y en este reaccionar no vemos realmente la situación.

El yoga nos enseña a tomar distancia. Porque una reacción solo provocará otra reacción. Entonces te detienes por un momento; te sientas contigo mismo. El yoga llama a esto contemplación.

Te preguntas a ti mismo: "¿Por qué tendría que reaccionar?"

Alguien te llama tonto, idiota, estúpido. Y luego dice que eres todavía más tonto por no reaccionar.

Los sabios nos preguntan: "¿Te vuelves un tonto solo porque alguien dice que eres un tonto?"

No. La otra persona es una tonta más grande en el instante en que no consigue la reacción que desea de ti.

50

EL YOGA EN EL MERCADO

LA MEJOR MANERA de estudiar yoga es en medio de la gente.

Puedes tomar las enseñanzas, que están presentes en tu cabeza, y sentarte en medio de un centro comercial o mercado o en donde nadie te conozca. Solo observa y analiza las interacciones de las diferentes personas, muchas de las cuales no se conocen entre sí.

Luego, si eres suficientemente abierto y estás suficientemente dispuesto, también interactúa.

Para mí es fácil hacerlo porque soy raro comparado con el resto del mundo. También puedes vestir de manera extraña —o hacer alguna otra cosa que sea poco común— y sentarte en el mercado. Te notarán, y luego puedes observar lo que sucede.

Cuando el rey Akbar le preguntó a Birbal: "¿Cuántas personas están ciegas?", Birbal dijo: "Te lo diré en una semana".

Fue al mercado con su asistente y se sentó allí a coser.

Por supuesto que todo el mundo en ese reino sabía que Birbal era el ministro del rey, así que al pasar le preguntaban: "Birbal, ¿qué estás haciendo?".

Le dijo a su asistente: "Escribe: 'Está ciego'".

Como Birbal no se presentó a la corte en tres o cuatro días, el rey fue al mercado. Cuando vio a Birbal cosiendo, le dijo: "¿Qué estás haciendo?".

Birbal dijo: "Anota el nombre del rey también".

Siete días más tarde volvió a la corte y dijo: "Oh, rey, todos, incluyéndote a ti, son ciegos".

El rey preguntó: "¿Por qué?".

"Cada una de las personas vio que estaba cosiendo, sin embargo, todas preguntaron: 'Oh, Birbal, ¿qué estás haciendo?'".

De la misma manera puedes ir al mercado y hacer algo extraño. Es una gran oportunidad para aprender sobre ti mismo.

Probablemente pensaste que yo diría a aprender acerca de los demás. Pero es una oportunidad para ver tus propias reacciones. No todos van a decir sencillamente: "Ah, estás cosiendo". También pueden preguntar: "¿Por qué estas cosiendo?". O: "¿Para qué estas cosiendo eso?".

Esta pregunta se hará de muchas maneras diferentes. En cada momento debes tomar conciencia del Ser y no reaccionar, no ser tocado por lo que está sucediendo.

Cuando puedas hacer eso habrás entendido lo que Śrī Kṛṣṇa dice en la *Bhagavad Gītā*: "El Ser mora dentro de este cuerpo. Sin embargo, no está contaminado por lo que ocurre en este cuerpo".

CÁSCARA DE PLÁTANO

AL IR CAMINANDO por la calle imagina que ves una cáscara de plátano. Ahora bien, probablemente muchos de nosotros jamás hayamos pisado una. Pero hemos visto a otros hacerlo, y sabemos lo que pasa cuando uno pisa una cáscara de plátano.

Podemos ver la cáscara de plátano exterior. Pero no siempre la cáscara de plátano en la mente.

En el exterior, sabemos pasar por encima de ella o evitarla. Lo que la sādhanā enseña es *viveka*, el discernimiento. Necesitamos evitar la cáscara de plátano mental.

Adquirimos la sabiduría para no caer, para estar siempre alertas. Incluso si caemos o resbalamos, cada vez nos damos cuenta con mayor rapidez. De la misma manera que vemos una cáscara de plátano en el exterior desde una cierta distancia, nos entrenamos para mirar también la cáscara de plátano en la mente, acercándose.

Cuando hayas conquistado la cáscara de plátano interior, tendrás éxito en la vida.

EL MUNDO ES COMO LO VES

LOS SANTOS VEN EL MUNDO lleno de divinidad, de Conciencia. Nosotros vemos lo opuesto. Intentamos buscar la Conciencia mientras que los santos ven todo como Conciencia, tal y como es.

El *Yoga Vāsiṣṭha* dice: "El mundo es como lo ves".

Todos somos parte de esa misma Conciencia, y sin embargo percibimos y vemos las cosas a nuestra manera. Dependiendo de nuestra crianza, nuestra formación, nuestros karmas pasados, tenemos nuestra propia manera de ver la vida, de ver a los demás y de ver el mundo.

Cuando vemos el mundo a través de nuestras ideas limitadas, pensamos que alguien es bueno, que alguien es malo, que alguien es maravilloso, que alguien es pequeño. En vez de esto queremos ir más allá de todas estas diferencias externas y ver la unicidad.

Por lo tanto, debemos aprender a llenar nuestra mente con el conocimiento de Dios, con el conocimiento del Absoluto. Desde este punto de vista vemos el mundo lleno de Conciencia.

53

LA TELARAÑA

LA *UPANIṢADS* dan el sencillo ejemplo de una tela de araña. Vemos la intrincada red con sus muchas líneas y patrones, pero esa red fue creada por una sola araña a partir de una sola hebra. Y la araña también puede retraer esa hebra de nuevo dentro de sí.

De la misma manera, la Conciencia universal proyecta desde su interior esta multiplicidad de formas que conocemos como universo— el mundo, nosotros mismos, las diferentes tierras y océanos y cosas así.

Puede parecer que proviene de muchas fuentes diferentes, pero al igual que la telaraña, todo proviene de esa Conciencia universal única.

No es fácil comprender cómo es que esa diversidad pudo surgir de una sola fuente. La filosofía del Shaivismo dice que el universo es creado por *spanda*. Su sonido, Oṁ, está vibrando en todo momento, en todo.

54

ELÉVATE A LA EXPERIENCIA DE "YO SOY CONCIENCIA"

A MENUDO PENSAMOS acerca de nosotros mismos de acuerdo a como alguien más nos dice que somos.

Alguien dice: "Eres inteligente". Alguien dice: "Eres estúpido". Alguien dice: "Eres sabio." Alguien dice: "Eres tonto". Sea lo que sea, ese pensamiento se queda con nosotros.

En vez de eso detente y toma conciencia de ti mismo. Pregúntate: "¿Quién soy?".

Por supuesto, la respuesta más elevada es: "Yo soy Conciencia.".

Es posible que no llegues allí inmediatamente, pero en la medida en que te eleves gradualmente a la experiencia de "Yo soy Conciencia", te establecerás en los niveles de "¿Quién soy yo?".

Que nada ni nadie logre moverte de esa comprensión. Si algo te perturba, utilízalo como una oportunidad para arraigarte aún más firmemente en la verdadera comprensión de "¿Quién soy yo?", para que nada en el exterior sea capaz de agitarla.

¿QUIÉN SOY?

EN VEDĀNTA, Śrī Ādī Śaṅkarācārya dice que uno debería considerar siempre estas preguntas: "¿Quién soy? ¿Qué es este mundo? ¿De qué está hecho? ¿Por qué estoy aquí? ¿De qué estoy hecho? ¿De qué se trata todo esto?"

Cuando nos preguntamos "¿Quién soy?", por lo general nuestra respuesta inmediata se relaciona con el cuerpo-mente y sus logros. Pensamos: "Soy un doctor, soy un abogado, soy un músico, soy un swami", o cualquier papel que la vida ha forjado.

Los sabios nos dicen que tales identificaciones son falsas o irreales. Son transitorias. Cuando uno entrega el cuerpo ya no hay identificación con ningún papel en particular. Así que debemos continuar preguntándonos a nosotros mismos: "¿Quién soy realmente?".

Algunas veces este proceso puede ser aterrador. Desde la infancia nuestra propia identidad ha estado ligada a nuestro cuerpo, nombre, género, nacionalidad, aptitudes, y así sucesivamente.

Y un buen día nos damos cuenta: "No soy quien creía ser".

Es entonces cuando la mente comienza a reflexionar más profundamente: "¿Quién soy? ¿Para qué es esta vida? ¿Qué estoy haciendo en este mundo? Seguramente hay algo más que despertar cada mañana, beber café e ir a trabajar; luego volver a casa al final del día, cenar, ver televisión, e ir a dormir".

Piensa en lo que hacen los animales. Se levantan por la mañana, toman agua, van de caza para conseguir comida, se alimentan, hablan en su lenguaje animal y van a dormir. Pero nosotros tenemos la buena fortuna de haber recibido un cuerpo humano y la capacidad de practicar la introspección.

No es solo que tengamos la capacidad de pensar, sino que podemos realmente pensar en la naturaleza de la realidad, en el significado y propósito de la vida. Podemos explorar la noción del Ser y bucear profundamente en los océanos de la Conciencia. Estas capacidades nos diferencian de los animales, pero solo si las usamos.

56

YO SOY DIOS TAL COMO SOY

PODEMOS abrir nuestras mentes, nuestros corazones y nuestros ojos y expandirnos. La sādhanā es para tener expansión y crecimiento y no quedarnos en el pensamiento limitado de: "Ay de mí, pobre de mí".

Ten la comprensión de "Yo soy Dios como soy, aquí, en este momento". En lugar de: "Voy a ser Dios". O: "Tengo que convertirme en Dios".

Es cuestión de aceptarnos a nosotros mismos con todo nuestro corazón. De saber: "Yo soy quien soy".

57

UN CAMBIO SUTIL

TODO EL ESTUDIO, la práctica y la contemplación que llevamos a cabo es para preparar el cambio sutil que tendrá lugar en nuestro interior. La mente reflexiona constantemente y hace preguntas.

Todo esto es para que estemos preparados para el momento en que el Guru nos pregunte: "¿Quién eres?", y no haya ninguna respuesta.

58

ESO QUE LO HACE POSIBLE

LA RAÍZ DE LA PALABRA *sādhanā* significa lo que lo hace posible, los medios, la manera.

En tanto pienses: "Debo hacerlo", la sādhanā permanece separada de ti. Pero cuando te das cuenta de que: "Es parte de mí, parte de mi vida y algo que disfruto", se vuelve fácil.

A medida que la fe y la devoción se desarrollan, la sādhanā comienza a dar sus frutos.

59

DEVOCIÓN Y SERVICIO

BHAKTI, DEVOCIÓN, Y *SEVĀ*, servicio desinteresado, van de la mano. No se puede entender la sevā hasta que tengas bhakti. Y no puedes tener bhakti a menos que tengas la actitud de sevā.

Ambos poseen una cualidad en común: la humildad.

Muchas personas tienen un problema con esto. Piensan: "Si estoy llevando a cabo acciones, ¿por qué no debo ver los frutos?".

Tenemos que comprender cómo ven los sabios esto. En la *Bhagavad Gītā*, Śrī Kṛṣṇa pregunta: "¿Quién eres tú para pensar: 'yo' estoy llevando a cabo acciones?".

Cuando se trata de bhakti y sevā lo primero que hay que eliminar es el "yo" que sentirá bhakti, y el "yo" que hará sevā. Hasta que eso suceda no hay bhakti, no hay sevā. Solo hay un "yo" pensando que está haciendo el acto de bhakti, un "yo" pensando que está haciendo el acto de sevā.

Si observas a la gente que realmente tiene bhakti y hace sevā —que ha eliminado el "yo"— verás que siempre está de buen ánimo.

Puedes preguntarles: "¿Por qué siempre te sientes bien? ¿Por qué siempre estás cantando, tarareando?"

Ellos dirán: "Porque todo lo que sé es adorar a mi Señor. Todo lo que sé es cantar a mi Señor. No sé nada más."

No pienses que el Señor es alguna deidad. El Señor puede ser la esposa, o el marido también. Todos pueden ser felices unos con otros.

60
OFRECE TU SERVICIO AL MUNDO

INCORPORA TU PRÁCTICA ESPIRITUAL a tu mundo terrenal. Mientras haces tu trabajo ten la actitud de que esas tareas también son sevā. Al realizarlas estás haciendo avanzar tu sādhanā.

Todas las cosas que haces para ganar dinero, para alimentar a tu familia, son parte de tu experiencia espiritual.

Lleva una yapa mālā, o tal vez conserva una pequeña fotografía, para que la mente recuerde la presencia de Dios, la presencia del Guru.

Cuando la mente se tense mete la mano al bolsillo. En lugar de encontrar una cajetilla de cigarrillos encontrarás tu mālā. A medida que repitas el mantra, la mente se tranquilizará.

Si estás en tu cubículo o en tu oficina detente y respira profundamente. Reconecta con tu Ser. Luego podrás, de manera natural, hacer a un lado cualquier frustración que haya surgido.

61

SÁLVATE A TI PRIMERO

A VECES NOS QUEDAMOS ATRAPADOS en la idea de "Necesito salvar el mundo."

Los sabios dicen: "Sálvate a ti mismo. Ayúdate a ti mismo".

Si nos salvamos a nosotros mismos, si la luz está encendida en nuestro interior; si nos convertimos en una antorcha ardiente, podemos ser un faro en la oscuridad. Pero si estamos en la oscuridad nosotros mismos, ¿qué objeto tiene ir por ahí diciendo: "Déjame que te cuente qué es la ignorancia?".

Por lo tanto, las *Upániṣads* dicen: "Primero despierta, comprende la Verdad, y luego automáticamente podrás compartirla con los demás".

Si todos estamos en un hoyo y todos queremos salir, uno tiene que salir primero y dar una mano para sacar a los demás.

De la misma manera, cuando vemos la luz interior y comprendemos qué es el Ser, no se trata de una concepción intelectual. Es una experiencia directa. Por eso luego, sin decir nada, sin hacer nada, llevamos esa luz a los demás.

APRENDE DEL SOL

IMAGINA SI EL SOL pensara cada mañana: "¿Debo salir o no debo salir?".

Esa pregunta no puede surgir. El sol cumple siempre con su deber. No piensa para sí: "Esta persona es buena, esta persona es mala". Sino que derrama su luz. Nos da fuego, calor.

Debemos aprender de todas estas cosas que existen en la naturaleza— el sol, los árboles, la lluvia. Todos ellos dan, y quien quiera tomar algo puede hacerlo.

De la misma manera, cuando experimentamos la divinidad, el amor dentro de nosotros mismos, no tenemos que preguntar: "¿Cuánto me voy a dar a mí mismo? ¿Cuánto le voy a dar a los demás?".

Cuando nos conectamos con el depósito de amor en nuestro interior, es ilimitado.

63

SÉ GRANDE

EN LA ANTIGUA INDIA, la mujer mayor siempre comía al último. Ella era la Lakṣmī, la diosa de la abundancia de la familia. Así es como ella daba y ofrecía su amor. Cada individuo de esa familia era amado por esa madre.

Por supuesto, hoy en día pensamos que todos deben sentarse juntos. Pero puedes imaginar cuán grande tuvo que ser ese corazón para amar siempre a todos, para alimentar a cada uno, para cuidar de todos.

Debemos aprender a ser grandes.

A menudo la gente dice: "Esa persona es mezquina. Deberíamos ser igual de mezquinos que ella".

Yo les digo: "Dios, la meditación— todo eso viene después. En primer lugar ama a la gente. Cuando te encuentres con ella hazla sentirse bienvenida. Trátala como nunca la han tratado".

Por supuesto, es difícil. Tú piensas: "¿Por qué tengo que ser amable con ellos? Ellos no son amables".

Tendrías que preguntarte: "¿Por qué no son amables?" Quizá están actuando desde un lugar en su interior en el que sienten que tienen que defenderse. Si puedes amarlos, si puedes ser amable con ellos, abres una pequeña ventana.

64

BONDAD Y DESAPEGO

CUANDO LEES HISTORIAS acerca de grandes seres comprendes que ellos dan bondad, compasión y amor. Y que lo dan con desapego.

Llegas a entender: "Soy un individuo y esa persona es un individuo, pero ambos tenemos nuestro propio espacio, nuestro propio karma. Lo que siento y experimento en este momento no es necesariamente lo que ese individuo frente a mí va a sentir y experimentar. No voy a obligarlo por la fuerza a que sienta lo que yo siento".

Por lo general, queremos que la otra persona se ablande, que vea toda la compasión que experimentamos. Por lo tanto, el apego viene en la forma de: "¿Por qué no sientes mi bondad? ¿Cómo es que no sientes mi amor? ¿Por qué no sientes mi compasión?".

El desapego tiene que estar allí. Damos bondad, damos compasión, damos cualquier cosa que queramos dar. Pero debemos tener desapego sobre la forma en la que lo va a recibir la otra persona.

Un árbol da su sombra independientemente del hecho de que una persona esté sentada bajo él. Puede ser que la persona esté descansando o reuniendo energía para cortar ese árbol en el instante siguiente. El árbol no dice: "Él me va a cortar, así que voy a dejar caer mis hojas para que no reciba sombra".

Un árbol permanece, da sombra, y al momento siguiente esa persona lo corta. Los grandes seres viven de la misma manera. Ellos comparten, dan, y no esperan nada a cambio.

65

COMPLACE AL ADORADOR

OFRECEMOS LUZ, ofrecemos incienso, ofrecemos fruta, ofrecemos alimentos— ofrecemos todas esas cosas a la deidad que amamos.

La gente suele preguntar: "¿Tú piensas que Dios estará complacido si hago esto? ¿Estará complacido el Guru?".

Tenemos que darnos cuenta, como se dice en la *Guru Gītā*, *Brahmānandaṁ parama sukhadam*: "Dios existe en dicha en todo momento". El Guru vive en dicha en todo momento, siempre contento.

Entonces, ¿mi adoración complacerá a Dios o me complacerá a mí, el adorador?

La respuesta es que complace al adorador. Somos nosotros quienes experimentamos alegría. Cuando ofrecemos devoción con gran humildad, con gran amor, el fruto de ello es que experimentamos gran amor. Las cosas externas que ofrecemos son simplemente una muestra de la devoción que sentimos en nuestro corazón.

PRIMERO OFRECE TU COMIDA

LA *UPANIṢADS* NOS DICEN que seamos cuidadosos en cómo manejamos la comida, nuestra forma de pensar acerca de los alimentos y en la forma en que los consumimos. Nuestra tradición es que el alimento debe consumirse sentados, luego de habernos lavado las manos.

En primer lugar se ofrece la comida al Señor. Según las escrituras, los alimentos que no han sido ofrecidos a Dios no tienen valor consciente.

La próxima vez que pases por una ventanilla de comida rápida, piensa por un momento. ¿Qué vas a poner dentro de tu cuerpo? ¿Cómo te va a hacer sentir?

Tenemos ira, tenemos frustración. Los sabios dicen que el alimento que ponemos dentro de nosotros es el que crea esos pensamientos, esas emociones.

Al ofrecer el alimento cantamos un mantra del cuarto capítulo de la *Bhagavad Gītā*, que dice que Brahman es el que disfruta y al mismo tiempo aquel a quien se ofrece el alimento. En otras palabras, el alimento es Dios, es ofrecido a Dios y es disfrutado por Dios.

Con esa comprensión tenemos que disfrutar no solo del alimento sino de todo en la vida, luego de ofrecerlo a Dios.

LA ESENCIA SUTIL DEL ALIMENTO

BABA SIEMPRE HACÍA ÉNFASIS en que mientras las personas preparan el alimento, en vez de contar chismes, que es la tendencia normal, deberían cantar el mantra.

Esto es porque que la vibración que pones en la preparación de tus alimentos es lo que recibes de ese alimento cuando lo ingieres. La esencia sutil es lo que permanece en última instancia, porque la parte ordinaria del alimento es desechada por el cuerpo.

Por lo tanto, las personas que cocinan deben poner buena energía en los alimentos para que los demás sean enaltecidos.

68

HAZTE FUERTE

CUANDO NOS ENFERMAMOS pensamos que es debido a un virus, a una bacteria o a alguna influencia del exterior. Pero el yoga lo ve como un síntoma de lo que está sucediendo en nuestro interior.

A causa de lo que está sucediendo en el interior la mente se vuelve débil.

En la medida en que la mente se vuelve débil, el cuerpo se vuelve débil. Cuando el cuerpo es débil, se vuelve susceptible a virus o gérmenes o a cualquier cosa que pueda causar enfermedad.

Así que el yoga nos enseña a fortalecer la mente, a fortalecernos nosotros mismos, y por lo tanto a ser capaces de resistir cualquier embestida desde el exterior.

69

TEN CLARA TU META

A MENUDO NOS PREGUNTAMOS A NOSOTROS MISMOS: "¿Por qué parece que pongo todo mi esfuerzo pero no llego a mi destino?".

En primer lugar, el Vedānta diría que debes tener claro tu destino, tu meta: "¿A dónde estoy yendo?". Debes ser consciente y permanecer enfocado en la meta.

En segundo lugar, determina cómo harás para llegar desde donde estás ahora hasta tu destino. ¿Cuáles son los peligros? ¿Cuáles son los inconvenientes? ¿Cuáles son las diferentes maneras de llegar desde donde te encuentras ahora hasta tu destino?

Si no tienes claras esas dos cosas —¿Cuál es mi meta? ¿Cuál es mi sendero?— la mayor parte de tu tiempo la desperdiciarás entre una duda y otra.

Podrías decir: "Es que el objetivo siempre está cambiando".

No es que el objetivo siempre esté cambiando. En el sendero espiritual la meta es siempre la misma. Es tu deseo lo que fluctúa constantemente.

Por lo tanto, traza un plan para tu vida. Lo que el destino, los planetas y otras personas tengan que decir, son todos factores externos. La claridad debe surgir en tu mente.

ESTABLECE UN PROGRAMA

SUGIERO que cualquiera que siga el sendero del yoga establezca un programa. Intenta seguirlo cada día.

A la mente le encanta la disciplina. Si crees que a la gente no le gusta la disciplina, yo diría que eso no es cierto. A un niño que le das disciplina le va muy bien. Porque sabe exactamente lo que se espera de él.

Nosotros solo somos niños que crecieron. También necesitamos disciplina. A medida que nos disciplinamos vemos qué bien funciona.

UNA PRÁCTICA REGULAR

CANTAR ME LLEVA a un espacio de alegría, de éxtasis. A algunas personas les encanta repetir el mantra. A otros les gusta enfocarse en su respiración. Para otros, simplemente sentarse sin moverse los conduce a un espacio de quietud.

No importa qué sendero o práctica te guste, hazlo regularmente durante algún tiempo. Date tiempo para ello, igual que apartas tiempo para otras cosas, y hazlo.

Al permitir que se convierta en una práctica o hábito regular, encontrarás que gradualmente tiene lugar una transformación.

No tienes que decirte constantemente a ti mismo: "Quiero ser transformado", o "Quiero llegar a ser Dios" ni "Quiero llegar a ser perfecto". Solo sigue esa pequeña práctica.

Podría tratarse simplemente de encender una vela durante unos minutos y tomar conciencia de tu divinidad interior. Lo que sea, hazlo. Puede ser en la mañana, tarde, noche o antes de ir a la cama.

De esta manera permítete vivir en el recuerdo constante de la Verdad, de Dios. A medida que ese recuerdo permanezca cada vez más contigo, creará la transformación que estás buscando.

CONTENTAMIENTO

A VECES DURANTE tu práctica vislumbras el contentamiento y oras y preguntas: "¿Cómo puedo tener más de eso?".

Piensa en por qué has tenido la experiencia de contentamiento.

Es porque en ese momento tu mente quedó inmóvil. No estabas pensando. No estabas preocupándote. Solo te permitiste ser. Permitiste que todo fuera.

Intenta esto. Cada mañana observa lo primero que sucede cuando te despiertas, antes de que los pensamientos vengan a tu mente.

En el estado de sueño la mente está tranquila y tú estas separado de las relaciones con el mundo, así que te acercas a la Conciencia que existe dentro del cuerpo. Cuando despiertas, encuentras que la experiencia de contentamiento todavía está allí. Puede ser que dure solamente unos segundos, pero si le prestas atención, la sentirás.

Intenta mantener ese estado a medida que avanzas en la realización de las actividades de tu vida diaria. No es fácil, pero si lo sigues intentando, sucederá.

73

QUÍTATE LAS ANTEOJERAS

EL YOGA TRATA acerca de cómo quitarnos nuestras anteojeras. Nos liberamos de todos los conceptos, de todos los pensamientos que surgen en la mente.

Baba habló de las anteojeras que se ponen a los caballos que jalan los carros o tongas en India. Esto es para que el caballo no vea lo que está a su derecha ni a su izquierda, sino solo vea lo que está adelante. Baba dijo que en la sādhanā es maravilloso tener una sola dirección, saber a dónde vas y no mirar a ningún otro lado más que hacia tu meta. Al mismo tiempo, la sādhanā remueve esas anteojeras, con lo que tu visión se expande para incluir lo que está detrás, lo que está adelante, y lo que está a ambos lados.

Las *Upániṣads* dicen que Dios está por encima, por debajo, a tu izquierda, a tu derecha, por delante y detrás.

La primera vez que leí eso hace muchos años, pensé: "¿Qué significa esto? Por supuesto que Dios está en todas partes". Sin embargo, tendemos a pensar que Dios está solo en la imagen del Guru, en los elementos sagrados que adoramos. No pensamos nunca que Dios podría estar en el baño. O que Dios podría ser el recolector de basura.

Pero las escrituras nos piden que nos quitemos las anteojeras y reflexionemos: "¿En qué lugar, momento o tiempo no existe Dios?".

PERLAS EN EL SENDERO

RECUERDO CONSTANTE DE LO DIVINO

BABA NOS DIO algunas prácticas muy sencillas de realizar. Levántate cada mañana, haz tu canto, haz tu meditación y luego sigue con tu vida. Regresa al final del día, después de haberte bañado medita, y luego vete a la cama.

Cada día comienza y termina con devoción a Dios. Por lo tanto, está lleno del recuerdo constante de lo divino.

En la mayoría de los templos de India, el *āratī*, el ondear de luces, se hace tres veces al día. Nosotros, por supuesto, pensamos que es para que la deidad esté complacida. Pero realmente se hace en beneficio del individuo que realiza la adoración.

En los viejos tiempos todo el mundo vivía en un pueblo. Cada pueblo tenía un templo, un lugar para Dios. Por la mañana, antes de ir al trabajo, una persona visitaba al sacerdote o a una persona santa allí y pasaba unos momentos en adoración. Al mediodía, la persona pasaba a visitar el templo unos momentos más. Y, de nuevo en la noche, al regresar de su trabajo, iba a sentarse en el templo.

Podríamos decir: "Qué aburridos. Esos aldeanos no tenían televisión. No tenían teléfonos móviles. No tenían Internet. Ni siquiera tenían automóviles".

Ellos no tenían todas las cosas que tenemos hoy, pero estaban contentos, eran felices, estaban satisfechos.

75

LA CONSISTENCIA DA FRUTOS

TENEMOS AQUÍ UN ARBOL DE QUINOTO. Supongamos que los propietarios quisieran cambiar de casa cada tantos meses, y pensaran que el árbol tendría que estar en el patio trasero de cada casa nueva. Se lo llevarían con ellos. Parte del tiempo estaría en Melbourne, otra parte estaría en Canberra, y otra estaría en Sydney.

Piensa en lo que le sucedería al árbol luego de una cuantas mudanzas. Moriría porque no le gustó el suelo de un lugar, o no se acomodó a las condiciones climáticas del otro. Más que nada estaría conmocionado por haber sido desarraigado constantemente.

De la misma manera, si no le das a tu mente una práctica constante, algo a qué aferrarse año tras año tras año, y si no le das en qué enfocarse, nunca será estable.

Busca una práctica que funcione para ti y síguela con diligencia. Mientras te entregas de manera comprometida, la mente se acostumbra lentamente a esa sādhanā, al esfuerzo continuo que haces. Entonces comienzas a ver el fruto que te da la consistencia.

TEN PASIÓN POR TU PRÁCTICA

LOS SABIOS NOS DICEN que tengamos amor, que tengamos pasión por la práctica espiritual.

Por supuesto que hay días en que no sentimos deseos de hacer nuestra práctica. Ya se trate de meditar o de cantar o de cualquier otra práctica, tenemos suficientes pretextos para no hacerla.

En esos días en especial, oblígate a hacerla.

Aunque sientas: "Yo no quiero estar haciendo esto ahora", oblígate a hacerlo. Atravesarás una barrera, un muro dentro de ti mismo. A medida que lo atraviesas lo que surge es una sensación de éxtasis, de alegría.

Te das cuenta de que: "No estoy haciendo esto por nadie más. Lo estoy haciendo para mi propio placer".

ESFUERZO Y GRACIA

EL YOGA NOS ENSEÑA sobre dos cosas: esfuerzo y gracia.

El esfuerzo es puesto por el individuo. La gracia es proporcionada por la divinidad que mora dentro de nosotros.

Por supuesto, la mente siempre piensa: "Estoy poniendo todo el esfuerzo. ¿Dónde está la gracia?".

Pero es lo opuesto. La gracia está siempre presente. Es el humano quien falla al no poner su esfuerzo.

78

LA GRACIA SIEMPRE ESTÁ ALLÍ

SI LA GRACIA SIEMPRE ESTA ALLÍ, y las escrituras nos dicen que la experiencia de la divinidad es fácil de alcanzar: ¿Por qué cuando cerramos los ojos no somos capaces de verla? Tan pronto como cerramos nuestros ojos, todo lo que vemos son pensamientos, pensamientos, pensamientos. Y nos preguntamos: "¿Qué hago con mis pensamientos?".

Los pensamientos son como niños pequeños. Cuando un niño grita: "¡Papá! ¡Mamá!," y molesta y molesta por algo, finalmente piensas: "Voy a hacer lo que él quiere y estará feliz".

Lo haces por unos minutos, y él es feliz.

Pero luego vuelve. "¡Se rompió!". O: "¡Mi hermano lo rompió!".

Así son los pensamientos. Seguimos un pensamiento porque pensamos: "Con resolver esto seré libre." Pero tan pronto como ese pensamiento termina, aparece otro. Y pensamos: "Bueno, solo este…". Eso es lo que sucede.

En algún momento nos preguntamos: "¿Cómo me metí en todo esto? ¿Quién tiene la culpa? ¿Quién es el responsable?". Por supuesto, no pensamos que hicimos nada de eso. Pero si te detienes a pensar, lo creamos nosotros mismos. Y lo mantenemos en marcha.

Un día, el sheik Nasrudín necesitaba pedir una carreta prestada. Así que se levanta y va a la casa de su amigo. En el camino comienza a pensar: "¿Y si no quiere prestarme la carreta? ¿Y si me dice que no la tiene y allí está? ¿Y si luego no le agrado más?".

Mientras camina, su mente tiene todos estos pensamientos. Cuando llega a la casa de su amigo, golpea la puerta y dice: "No quiero tu carreta. Quédatela. Ni siquiera la necesito". Y se da la vuelta y se va a casa.

Así, la mente crea, crea y crea. Y nosotros lo mantenemos, mantenemos y mantenemos. Y así continúa el ciclo.

El propósito del yoga, de la meditación, es alejarnos finalmente de ese proceso de creación y mantenimiento y permitir que se disuelva. Simplemente decirte a ti mismo: "Necesito la carreta. Voy a conseguirla. Si está allí, bien; si no está allí, también bien". Entonces la gracia, que está siempre presente, puede experimentarse fácilmente.

79

EL SEGURO DE DIOS

VIVIMOS BAJO las garantías del seguro de vida, del seguro de gastos médicos, del seguro de defensa jurídica, y no sé qué otras formas de aseguramiento. Pensamos: "Estoy protegido. ¡Alguien se ocupará de mí!". "Estoy a salvo porque uno de los seguros entrará en funcionamiento cuando lo necesite".

Esta es la forma en que nosotros, como seres humanos, intentamos protegernos. Aunque no podemos evitar que una calamidad ocurra, de alguna manera nos sentimos confiados porque todo está asegurado.

No obstante, si la naturaleza decide que es el momento para que el alma de este individuo se mueva a otro plano, se asegurará de que estemos en el lugar correcto, en el momento adecuado, para que eso suceda.

Por esta razón, Baba solía decir: "El único seguro que necesitas es el seguro de Dios".

Por supuesto que esa es la única póliza de seguro que probablemente no tenemos. Lo que necesitamos es una póliza más grande, el seguro de Dios, que nos cubre en todos sentidos, en todo momento.

La única póliza que tienes que pagar por ello es *śraddhā*, fe. Así como pagas tus cuentas regularmente para asegurar la continuidad de tus pólizas de seguro, ofrece tu devoción y tus oraciones a Dios con regularidad. A cambio tienes la seguridad de que Dios siempre estará contigo.

DIGNIDAD

CUANDO UN SABIO usa el ojo microscópico de su mente para mirar la dignidad de una persona, no ve la belleza de la persona. No ve la riqueza de la persona. No mira el estatus social de esa persona. El sabio mira si esa persona tiene la capacidad de llevar dentro de sí eso que el sabio tiene para dar.

Una persona es digna si después de haber recibido la iniciación nunca se desvía de la práctica, de la enseñanza, de aquello que le ha sido dado a él o a ella.

81

EGO ESPIRITUAL

PUEDES PENSAR: "¡Esa persona es horrible! Todo lo que hace es fumar, salir y divertirse. Nunca piensa en Dios".

La verdad es que si esa persona recuerda a Dios una vez, Dios está contento. Porque Dios en Su compasión piensa: "Al menos pensó en mí una vez en medio de todos sus placeres sensoriales".

Al mismo tiempo, es posible que te consideres a ti mismo muy puro. Hablas de Dios todo el tiempo, más que cualquiera que conozcas. Sin embargo, no importa cuántas veces pienses en Dios, nunca es suficiente.

Ahora bien, no digas: "Voy a involucrarme en algunos placeres sensoriales porque entonces solo tengo que pensar en Dios una vez". ¡No te engañes a ti mismo!

Te has elevado a tu estado actual y no puedes ir sino más y más arriba. Cuanto más tiempo pases con tu mente totalmente absorta en lo divino, más cerca estarás de Dios.

Mientras realizas tus tareas diarias sigue repitiendo el mantra —no solo cantándolo en el fondo de tu cabeza, sino siempre consciente de él.

DOS TIPOS DE BUSCADORES

CUANDO VIAJO por el mundo me encuentro con dos tipos de buscadores.

Unos que hacen sādhanā a diario, pero cuando se encuentran con alguna dificultad u obstáculo suspenden sus prácticas, pensando: "Primero tengo que resolver este problema, luego puedo continuar".

El segundo tipo también tiene obstáculos y problemas, pero continúa con sus prácticas mientras intenta resolver el problema.

¿Ves la diferencia?

Imagina que una persona se detiene en medio de la carretera para ver el mapa y dice: "De aquí no me muevo hasta saber en qué dirección voy." Mientras tanto, los coches detrás de él están tocando la bocina y dándose golpes por detrás.

Debe darse cuenta que: "Debo seguir avanzando mientras averiguo en qué dirección voy".

De esta manera, la gracia impulsa a la persona en la dirección correcta. Gracias a que la persona está en movimiento es capaz de resolver cualquier problema que surja en su vida. Pero si la persona no se mueve no va a ninguna parte, y en algún momento se le tiene que echar a andar puenteándolo a una batería para pasarle corriente.

83

MÁS ALLÁ DE LA MENTE

UN MAESTRO SUFÍ dijo una vez que las tres clases de personas a quienes es más difícil enseñar son: aquellas que están extasiadas por haber logrado algo; aquellas que, luego de haber aprendido algo, se deprimen por no haberlo sabido antes, y aquellas que están tan ansiosas de progresar que dejan de darse cuenta de su progreso.

Debes preguntarte a ti mismo: "¿Cuál de estos soy yo?".

No te sientas frustrado porque no entiendes. No pienses: "Necesito saber más y mejor que cualquiera." La sādhanā es un asunto más del corazón que de la mente.

Los sabios nos dicen que la mente tiene la capacidad de pensar debido a la existencia de la divinidad. Lo divino es lo que impulsa a la mente a pensar. Por lo tanto, no podemos decirnos a nosotros mismos que intentaremos comprender el principio de la divinidad a través de la mente.

En algún momento de nuestra búsqueda debemos ir más allá de nuestra propia mente.

Cuando llegamos a ese lugar más allá de la mente nos quedamos tranquilos y silenciosos. En ese lugar de quietud experimentamos la divinidad. Así que, como buscadores, debemos en primer lugar lograr ser honestos con nosotros mismos. Los juegos que jugamos los jugamos con nosotros mismos.

84

PERMANECE EN LA CONCIENCIA

AL PRINCIPIO, un buscador piensa que hay mucho que hacer para poder experimentar su unidad con Dios. Pero en la medida en que se progresa en el sendero, uno se da cuenta de que lo único que hay que hacer es mantener la conciencia de unidad.

Hagamos lo que hagamos, debemos permanecer siempre en esta conciencia. Si mantenemos esta conciencia, la tenemos. Lo hemos logrado. Verdaderamente le hemos entregado nuestra vida a Dios. Entonces estamos en sintonía con lo que la Conciencia universal quiere.

UNA GRAN EMBARCACIÓN NO SE ZARANDEA CON EL VIENTO

MUCHAS PERSONAS LLEVAN MUY EN SERIO sus prácticas. Pero luego aflojan un poco. Se involucran en lo que llamamos el juego de la mente. Con el tiempo descubren lo que están haciendo y vuelven a ponerse en sintonía una vez más con las prácticas.

Esto continúa hasta que llegan a la comprensión de que está bien, de que eso es lo que está sucediendo. O se vuelven tan fuertes en sus prácticas que no importa lo que les sale al paso, nada los desalienta. Nada los sacude.

En esto es en lo que tienes que trabajar. No es una cuestión de si debes ser espiritual o no ser, ni de si eres bueno o malo. Es volverse sólido en la creencia de quién eres.

Un barco pequeño siempre se sacude cuando hay algo de viento. Pero una gran embarcación no.

Debes volverte como la gran embarcación. Si no estás muy seguro de quién eres o quién deberías ser, siempre habrá una batalla entre tu ego y tu Ser superior.

Deshazte de tus nociones acerca de lo que es malo y lo que es bueno. Algunos días adoras cantar y otros días quieres sentarte en silencio. Algunos días no quieres meditar ni hacer yapa ni hacer nada, solo deseas sentarte. Está bien. Lo más importante es hacer la práctica; no importa la forma que adopte.

Tu conciencia de lo divino es lo más importante.

CREA QUIETUD

CREA UN ESPACIO TRANQUILO en tu casa. Verás que la quietud que creas en el exterior comienza a llenar tu mente. Lentamente esa quietud impregnará todo tu ser.

EL FRUTO DE LA SĀDHANĀ

PUEDES SABER que la gente está haciendo su sādhanā observando como camina, como habla, como se comporta, la forma en que se conduce.

Es maravilloso encender una lámpara, quemar incienso, hacer diversos rituales. Esto demuestra lo religioso que eres. Pero hasta que todo esto se vuelva parte de ti, hasta que lo estés viviendo, no significa nada.

Cuando ondeas las luces con sentimiento, cuando le cantas a Dios con sentimiento, tus ojos se llenan de lágrimas. Cuando tu corazón se desborda de amor, cuando todo tu ser está vibrando con alegría, sabe entonces que lo que estás haciendo está dando frutos.

88

LA REALIZACIÓN OCURRE PASO A PASO

LA REALIZACION NO ES UN SUCESO en el que te despiertas una mañana y dices: "¡Vaya! ¡Ahora estoy realizado!". Es un proceso que avanza paso a paso. Las revelaciones y las realizaciones ocurren continuamente.

Sin embargo, independientemente de dónde te encuentres en este proceso y lo que puedas pensar que eres, debes saber que tú eres Dios.

89

NO SEAS IGNORANTE, NO SEAS ILUMINADO

LA ILUMINACIÓN ES UN PROCESO. Por supuesto, buscamos la iluminación instantánea. Y podemos decir que la iluminación es instantánea porque la comprensión puede ocurrir en un instante. Pero primero debemos dar los pasos. Debemos hacer el esfuerzo.

No me gusta decir mucho al respecto. Porque esto es algo que o lo sabes o no lo sabes. Si no lo sabes, ese es el mejor estado porque puedes permitirte a ti mismo ser quien eres, sin sentir la necesidad de llegar a ser algo. Cuando lo sabes, es el mismo caso.

Es entre las etapas intermedias donde es peligroso. Estás intentando convertirte en algo, pero te frustras porque aún no te has convertido en lo que crees que deberías ser. Luego entras en un estado de ignorancia en el cual piensas: "Esto es un poquito mejor".

Pero este estado de ignorancia es aún más confuso. Y por eso intentas alcanzar un estado de iluminación total. Sin embargo, cuando obtienes la llamada iluminación total te das cuenta de que: "Bueno, en realidad no estoy iluminado en lo absoluto".

Entonces, lo mejor es simplemente ser. No seas ignorante, no seas un iluminado. Permítete ser quien eres, disfrutando de lo que se está desarrollando en tu vida en cada momento.

CUESTIONAR Y PREGUNTARSE

ESTÁ BIEN cuestionar y preguntarse.

He visto que las personas que cuestionar y se preguntan se convierten en los devotos más incondicionales de Dios, porque trabajan a través de cualquier limitación que su mente les haya impuesto. Son capaces de abrirse a sí mismos más ampliamente y aceptar a Dios en sus múltiples formas.

91

UN PARAGUAS MÁS GRANDE

A MEDIDA QUE PRACTICAS YOGA pueden suceder milagros. Pero los sabios nos advierten que no nos enfoquemos en esto porque no es de lo que se trata el yoga.

En India existe una tradición de que uno siempre va a un santo. Uno dice: "Dame bendiciones, quiero un hijo". Cuando nace un hijo, el niño es llevado ante el santo: "Dame bendiciones, así se convertirá en un buen chico". Y luego: "Dale bendiciones para que tenga una buena esposa. Dale bendiciones para que tenga buenos niños. Dale bendiciones para un buen trabajo".

El santo siempre dice: "Muy bien, muy bien".

En algún momento tenemos que preguntarnos: "¿Voy a continuar así, o voy a buscar algo más grande— un paraguas más grande que cubra todas estas pequeñas cosas?".

Pensamos: "Voy a encargarme de este pequeño problema que me ha estado molestando. En la meditación de hoy le pediré a Dios que me dé la respuesta a este problema." Suponemos que si nos ocupamos de ese problema nuestra vida fluirá sin obstáculos.

Pero si tan solo meditamos sin enfocarnos en ese problema o en lo que lo convierte en un problema, este se disolverá por sí mismo.

LA ILUMINACIÓN LLEGARÁ

EL YOGA NOS ENSEÑA que si tenemos un problema, debemos pensar en él, escribir sobre él y permitir que se cocine a fuego lento. Dejemos que simplemente este ahí. No es necesario que se hable de él, se discuta o traerlo a nuestra atención una y otra vez.

Si intentas esto verás cómo la Conciencia, a su manera, un día te dará la respuesta. Tal vez no suceda necesariamente en el momento siguiente. Incluso podría llevar cinco, diez, veinte años andar el camino. Pero debes tener paciencia. La iluminación vendrá a su debido tiempo.

Muchas cosas diferentes deben tomar su lugar para que esa iluminación ocurra.

Supongamos que quieres publicar un libro. Entonces lo escribes y dices: "¡Libro listo!". Pero todavía tiene que ir al editor y al diseñador. Debe ser formado y tienes que elegir las imágenes. Solo entonces irá a la imprenta y tendrás una prueba. Si se ve bien, finalmente el libro se imprimirá.

En la vida también pensamos: "¡Quiero esta situación resuelta ahora!". Pero debemos pensar cómo llegamos a esa situación.

Hemos hecho todas esas cosas, y al hacerlas, él se vio involucrado, ella se vio involucrada, y así sucesivamente. Ahora queremos que todos ellos se sienten juntos a la mesa de Acción de Gracias.

Pero él no está listo. Ella está casi lista. Ese otro está dispuesto a sentarse a la mesa si aquel no viene. Y tú piensas: "¡Quiero esto resuelto ahora!". Pero así como hay muchos vikalpas en tu interior, muchos otros vikalpas están funcionando en los demás también.

¿Qué hace el sabio? Se sienta. No se preocupa por esto o aquello. Simplemente se queda quieto. No permite que su mente se vea afectada por los diversos vikalpas que tienen todos los demás.

93

PRIMERO CONVIÉRTETE EN UN PEZ

A VECES LA GENTE LE PREGUNTABA A BABA: "¿Qué voy a hacer cuando esté realizado, cuando conozca al Ser? Será aburrido".

Él siempre decía: "Primero ve y ten conciencia del Ser. Luego vuelve y hablaremos de ello".

Después de haber estado en el sendero y de haber continuado las prácticas, sabemos que se requiere energía, tiempo, esfuerzo, concentración y una mente alerta para alcanzar la experiencia de "soy Conciencia, soy Verdad". Sin embargo, a medida que avanzamos la mente comienza a cambiar gradualmente, a modificar la forma en que percibe y experimenta las cosas. Vemos la vida de una manera mucho más amplia.

Tukārām Mahārāj dijo: "Para entender cómo vive, duerme y come un pez en el agua, primero debes convertirte en un pez".

De la misma manera, para poder decir cómo vive un sabio en la experiencia de la Conciencia debes llegar a estar en esa experiencia tú mismo. Al vivir en esa experiencia, puedes hablar de lo que es y de lo que no es.

A menudo, sin embargo, después de habernos quedado tranquilos nos perdemos en la experiencia de la unicidad, de la divinidad. Entonces, no hay nada más qué decir.

Las preguntas surgen mientras intentas experimentar la unicidad a través de la mente. Pero si te permites ir a tu interior y fundirte con la Conciencia, no tienes más preguntas. La experiencia lo es todo, así que no hay nada más qué preguntar.

MANTENTE EN MOVIMIENTO

CUANDO LA GENTE VIENE A VERME y dice: "Tengo todas estas preguntas y tienes que ayudarme para seguir avanzando", generalmente les digo: "Bueno, comienza a moverte primero, y al hacerlo esas cuestiones te quedarán claras".

Esta es la naturaleza de la mente. Le damos mucha importancia a nuestros problemas. Cargamos con ellos. Pero, ¿qué es lo que hace un sabio? Él nos dice: "Esto no es un problema. Suéltalo. Avanza".

Cuando Baba estaba dando *darśan*, independientemente de que vinieran pocas o muchas personas, él siempre decía: "Sigan avanzando, sigan avanzando".

A veces yo pensaba: "Él sabe, a juzgar por las noches anteriores, que esto se va a terminar en veinte minutos. Entonces, ¿por qué esta presión constante de mantenerse en movimiento?".

Pero ahora que lo pienso me doy cuenta de que eso no tenía nada que ver con la línea del darśan. Tenía que ver con su enseñanza de que siguiéramos avanzando. No te detengas. No te quedes atorado. No reduzcas la velocidad. Mantente en movimiento hacia adelante.

A medida que el movimiento sucede, recibimos las respuestas a todas nuestras preguntas.

95

UNA PRÁCTICA VIVA Y CONSTANTE

CUANDO LA RELACIÓN entre el Guru y el discípulo se vuelve verdadera, no permanecen como dos individuos separados. Se vuelven uno. A decir verdad, cuando te vuelves uno con ese ser, o ese ser se vuelve uno contigo, no puede haber una relación. Porque hay solo uno.

Kabīr dice en uno de sus poemas que el sendero del amor es muy estrecho. Dios camina o yo sendero. Ambos no podemos transitar por ese sendero.

Pero siempre queremos estar del lado seguro. Queremos estar allí, solo por si acaso.

Lo primero y más importante que hay que hacer en cualquier situación de la vida es rendirnos. Debemos tener una entrega total, fe total, confianza total. No hay duda de que esto es lo que tiene que ser. Por supuesto creemos que nos hemos rendido y, sin embargo, siempre tenemos un "pero".

Quiero que tengas en cuenta que la relación que todos tenemos unos con otros no es la de amigos sociales; no es la de dos seres humanos que se conocen. Mientras te relaciones con los demás de esa manera no habrá crecimiento en la sādhanā. Te seguirás relacionando en el nivel de la mente.

Debes elevarte por encima de eso y comprender que lo que existe es especial, es diferente. Lo que nos une es la *śakti*, la energía universal.

Por lo tanto, no hagamos que nuestras relaciones dependan solo de lo externo. Permitamos que se vuelvan mucho más grandes que eso.

Sé honesto y sincero con los demás. Porque queremos llevar una vida que es espiritual. Por ejemplo, si vives una dicotomía entre "esta es mi vida" y "este es mi yoga", no funcionará. Estos deben convertirse en uno. Como vives, lo que respiras, lo que comes y lo que haces: todo es yoga. Debe ser una práctica constante, viva.

96

ENTREGA

CUANDO VUELAS contra el viento en un aeroplano se necesita más tiempo para llegar a tu destino. Cuando vuelas con el viento, llegas más rápido.

De la misma manera, en la vida, cuando vamos contra la voluntad de la śakti nos encontramos luchando con eso, luchando contra eso. Pero cuando vamos con ella, todo fluye sin obstáculos.

Cuando nos entregamos a la energía universal, nos permite planear. Porque nos hemos alineado con Dios.

No pensamos en nosotros mismos como alguien separado de Dios, sino como uno con Él. Cuando tenemos esa comprensión se percibe el mundo lleno de Dios.

¿Cuál es la naturaleza de esa entrega? No es del cuerpo, no es una cosa física. Se trata de la entrega de la mente y el ego, del orgullo y el poder. Es un cambio sutil dentro de nosotros. Este cambio es lo que estamos tratando de lograr, y puede suceder en un abrir y cerrar de ojos.

97

DESHAZTE DE TU TAZA

TODOS DESEAMOS experimentar *parama prema*, amor supremo.

En busca de la experiencia del amor supremo, cada uno de nosotros viene y trae su propia taza. Y le decimos al Guru: "Llena esta taza."

El Guru dice: "Deshazte de tu taza".

Le contestamos: "No, no. Yo vine con esta taza y quiero que la llenes. Quiero que la llenes. ¿Cómo puedo deshacerme de ella?".

Así que pasamos los siguientes años, muchos, haciendo sādhanā tan solo para llegar a comprender por qué tenemos que deshacernos de esa taza.

98

EL NÉCTAR DE LA DEVOCIÓN

CUANDO METES LA MANO en agua, se moja o se moja. No hay de otra. No está seca.

De la misma manera, cuando nos sumergimos en la devoción, en el amor de Dios, nada más es importante. Nada más es significativo.

Habiendo saboreado el néctar de la devoción, el néctar del satsaṅg; habiendo conocido el éxtasis de cantar el nombre de Dios, todo lo demás que hacemos en la vida es simplemente para pasar el tiempo.

99

PRÁCTICA INDIVIDUAL Y GRUPAL

TENEMOS DOS FORMAS DE PRÁCTICA: una es individual y la otra es en grupo.

La práctica individual que hacemos a solas se pone a prueba cuando asistimos a una práctica grupal.

En el hogar puedes actuar como si fueras realmente un buen meditador. Nadie ve si te levantas a los cinco minutos. Pero luego vienes y te sientas con otros *sādhakas*, con tus iguales. Tienes que sentarte durante una hora y te encuentras inquieto y pensando: "¿Cuándo termina esto?". Te das cuenta de que te estás engañando a ti mismo en casa.

100

MANTÉN BUENA COMPAÑÍA

EL YOGA ENSEÑA que lo positivo y lo negativo, lo bueno y lo malo existen dentro del ser humano. Es un hábito entre los seres humanos ver siempre lo negativo, ver lo que está mal.

Para eso tenemos satsaṅg— estamos en compañía de la Verdad, en compañía de lo divino. Cuando mantenemos la conciencia de sat, de la Verdad, el satsaṅg se vuelve un proceso continuo, fomentado cuando nos reunimos.

¿Por qué mantener buena compañía? Porque dependiendo de la compañía que mantengamos desarrollaremos las tendencias, hábitos y cualidades de esa compañía.

Para un yogui esto no significa solo la buena compañía externa, sino también la buena compañía interna. No niegues la existencia de lo negativo, de lo que algunos llaman la fuerza oscura, sino vuélvete más consciente de lo bueno.

La buena compañía comienza con uno mismo. Porque yo soy mi primera compañía. Mi mente está conmigo en todo momento, por lo que mi mente siempre debe ser buena. Si mi mente es buena compañera, siempre buscaré buena compañía.

101

CONSERVA SOLO LO QUE ES VERDAD

MUCHA GENTE TIENE EL HÁBITO de recopilar información y de intentar ponerla en compartimentos mentales.

Si están interesados en la meditación, quieren saber qué *chakra* está abierto y cual está cerrado. Quieren saber cuántos años de ignorancia han sido removidos y cuántos permanecen.

Así, en la medida en que poco a poco nos volvemos libres, es fácil captar y volverse adicto a cosas nuevas.

Con el tiempo debemos aprender a conservar solo lo que nos da verdadero contentamiento, verdadera satisfacción, felicidad verdadera.

102

MANTÉN TU PARAGUAS HACIA ARRIBA

ESTE SENDERO CONSISTE EN VOLVERSE LIBRE, en experimentar lo que es real y lo que verdaderamente somos, y en deshacernos de todas las otras cosas que vamos coleccionando.

Si sostenemos un paraguas en la posición correcta, toda el agua de lluvia escurre. Nada permanece. Pero si sostenemos el paraguas al revés, el agua se acumula en su interior.

La tendencia normal es mantener la mente al revés. De esta manera, se coleccionan muchas cosas y la mente se agobia con tanto equipaje.

El yoga nos muestra cómo dirigir la mente de la manera correcta. De esa manera, lo que hemos recogido durante los años puede desprenderse. No importa lo que llegue a nosotros, la vida sigue fluyendo.

103

LA VERDADERA RENUNCIA

LAS ESCRITURAS DEL YOGA nos dicen que renunciemos. Si queremos ser felices, debemos renunciar; si queremos estar en paz, debemos renunciar.

Uno se pregunta: "¿A qué debo renunciar?".

Piensas que quizá a tu computadora, a tu televisión, a tus amigos, a tu familia, o tal vez a otras cosas a las que estás apegado.

Pero esas cosas te dan información que usas a diario. Y las personas que conoces van a permanecer en contacto contigo. Incluso las cosas que has acumulado permanecerán contigo por un tiempo.

Cuando comprendemos el verdadero significado de la renuncia, nos damos cuenta de que a lo que debemos renunciar es a los apegos que hemos creado hacia todo aquello sin lo cual pensamos que no podemos vivir.

El apego es lo que causa el dolor, el sufrimiento y los conflictos en nuestra vida.

La mayoría de los seres humanos se levantan cada mañana y siguen una rutina, ya se trate de café, jugo, cigarrillos, caminar o hacer ejercicio. Si por una u otra razón eso que ellos creen necesario para comenzar el día no sucede, no pasan automáticamente a lo siguiente. Meditan sobre lo que no ocurrió. Y si más tarde las cosas no van bien dicen: "Como no hice esa primer cosa se arruinó mi día entero".

Así que en el momento —sean las 5:00, 6:00 o 7:00 am— que no se realice la primera acción, renuncia a tu apego al hecho de que eso no se realizó hoy. Pasa automáticamente a la acción número dos. Esta es la verdadera renuncia.

104

CAMBIO

EL EFECTO REAL de la contemplación y la meditación es el cambio; cambio en tu forma de pensar; cambio en la forma en que actúas; cambio en la forma en que reaccionas ante la gente.

Si nada de esto sucede, necesitas echar un buen vistazo a tus prácticas de contemplación y meditación.

A veces la gente sostiene la idea: "Quiero cambiar". Sin embargo, no cambia.

Es como poner un pie en el freno y acelerar al mismo tiempo y decir: "Me pregunto por qué este coche no va a ninguna parte".

Por supuesto que el coche no va a ninguna parte. De la misma manera, puedes pensar que quieres cambiar, pero a menos que hagas la meditación y la contemplación quitando el pie del freno, no pasa de ser un pensamiento agradable.

105

VUÉLVETE SUTIL

BABA DIJO: "Que cada día tu meditación se vuelva más sutil".

¿Significa esto que debes sentarte y solo volverte sutil en tu interior? No. Eso significa que cada acción que realices, todo lo que hagas, todo lo que sucede a través de ti, debe ser sutil.

Si la mente toma esto en un nivel superficial pensamos: " ¿Qué me ha dado el Guru? ¿Qué me ha dado esta práctica?".

La pregunta que debemos hacernos es: "¿Cuánto he absorbido? ¿Cuánto he comprendido verdaderamente? ¿Qué tanto vibra cada célula de mi cuerpo con esa enseñanza?".

ESCALONES

CUANDO PLANTAS UNA SEMILLA no germina durante la noche. Cuidas de ella, crece lentamente y finalmente tienes un árbol.

Nace un niño y con el paso del tiempo se convierte en un adulto.

De la misma manera, el sendero del yoga es un proceso de evolución.

Por supuesto, cualquiera que sea la comprensión que hayamos obtenido de nuestras prácticas realizadas durante vidas viene con nosotros. Sin saberlo, todos comenzamos en diferentes niveles. Cada uno de nosotros tiene su propio proceso que atravesar. Eso no significa que uno sea mejor que otro. No puedes deprimirte porque estás comenzando a los sesenta y esas otras personas lo hicieron a los veinte. A los ojos de Dios todo es lo mismo.

El yoga nos da escalones. Grandes seres, cada uno a su manera, comparten con nosotros las diferentes etapas en su sendero. Y nosotros, de acuerdo con nuestras fuerzas, los seguimos y nos permitimos elevarnos.

107

SIGUE SIEMPRE ADELANTE

LA EXPERIENCIA que obtenemos en el interior se lleva vida tras vida. Sin duda alguna permanecerá con nosotros en esta vida.

Por lo tanto, tenemos que recordar que siempre vamos hacia adelante. Nunca vamos hacia atrás.

Lo maravilloso de la evolución espiritual es que nada se repite una y otra y otra vez, a menos que generemos un ciclo para nosotros mismos en el que caigamos una y otra y otra vez. Pero aun así, siempre tenemos la oportunidad de despertar y darnos cuenta de que podemos evitar esas trampas. Podemos aprender a detenernos a tiempo.

Esto es lo que la meditación hace por nosotros.

PERLAS DE SABIDURÍA

TENEMOS UNA ALTERNATIVA cuando se trata del conocimiento que recibimos.

Imagina una pieza de metal caliente, un hierro candente. Si viertes agua sobre él, el agua se convierte en vapor y se evapora. Por otro lado, una ostra toma una gota de agua y con el tiempo hace una perla de ella.

Así que tenemos una alternativa: podemos estar ardientes y alborotados y dejar que el conocimiento que recibimos simplemente se evapore. Que nada vaya hacia dentro. No recordamos nada, no registramos nada. Por lo tanto, nada de eso se usa en nuestra vida.

O podemos ser como la ostra. Podemos atesorar esas gotas, y con el tiempo se convertirán en perlas de sabiduría en nuestra vida.

PERLAS EN EL SENDERO

GLOSARIO

āchārya: maestro reverenciado
Ādī Śaṅkarācārya: [788–820] filósofo de Vedānta
Akbar: [1542–1605] emperador mogol de India
āratī: ondear luces para adorar a una deidad
ātman: el alma
avadhūt: quien ha ido más allá de la conciencia del cuerpo
Baba Muktānanda: Guru de Swami Nityānanda
bhakti: devoción
Bhagavān Nityānanda: Guru de Baba Muktānanda
Bhagavad Gītā: escritura hindú
Birbal: Primer Ministro del rey Akbar
Brahman: el Absoluto
Brahmānandaṁ: la dicha de Brahman
chakra: energía centrada en el cuerpo sutil
darśan: visión de lo divino experimentada en presencia de un ser santo
dharma: ley religiosa
dṛṣṭi: visión
guṇas: tres cualidades de la naturaleza
Guru Gītā: comentario acera del Guru
Guru Pūrṇimā: día festivo dedicado al Guru
Haṁsa: mantra natural, literalmente: "Yo soy Eso" [ver So'ham]
yapa: repetición de un mantra
Kabīr: [1440–1518] santo-poeta y tejedor
karma: ley de causa y efecto

Kṛṣṇa: deidad hindú, Guru de Arjuna en la *Bhagavad Gītā*
Lakṣmī: diosa de la abundancia
Mahāmandaleśvar: maestro distinguido en la orden de los monjes de Śaṅkarācārya
mahāsamādhi: fusión final con el Absoluto
Maitreyī: esposa de Yājñāvalkya
mālā: collar de cuentas usado como rosario
mandir: templo
manaḥprasādaḥ: la alegría de la mente
mantra: palabras o sílabas sagradas
Oṁ: sílaba primordial
parama: supremo
prāṇāyāma: control de la respiración
prārabdha: traídos desde otra vida (referido al karma)
pratyāhāra: retirar los sentidos
prema: amor
Rāma: encarnación de Śrī Viṣṇu
sādhaka: buscador
sādhanā: prácticas espirituales
śakti: energía creativa del universo, la energía espiritual despierta
samādhi: unión con el Absoluto
sanātana: universal, eterno
śānti: paz
sat: verdad
satsaṅg: en compañía de un conocedor de la Verdad (santo)

sevā: trabajo ofrecido como servicio al Guru
Shaivismo: filosofía basada en la idea de que todo
   es Conciencia
siddha: ser perfecto
Śiva: deidad hindú, el Guru primordial
So'ham: mantra natural, literalmente: "Yo soy Eso"
   [ver Haṁsa]
spanda: vibración creativa de la Conciencia
śraddhā: fe
Śrī: nombre de Lakṣmī, también título de respeto
sukhadaṁ: alegría
Tukārām Mahārāj: [1608–1650] santo-poeta
turīya: estado de conciencia transcendental
Upániṣads: antiguas escrituras hindúes
Vedānta: filosofía basada en los Vedas
Vedas: antiguas escrituras hindúes
vikalpa: movimiento de la mente
viveka: discernimiento
Yājñavalkya: antiguo sabio, aparece en las *Upániṣads*
Yoga Vāsiṣṭha: antigua escritura hindú

BABA MUKTĀNANDA

16 DE MAYO DE 1908 – 2 DE OCTUBRE DE 1982

Medita en tu Ser,
Adora a tu Ser,
Inclínate ante tu Ser,
Honra a tu Ser.
Dios mora dentro de ti como tú.

MAHĀMANDALEŚVAR SWAMI NITYĀNANDA

Mahāmandaleśvar Swami Nityānanda proviene de un linaje de maestros espirituales tradicionales de India. Al tiempo que conserva las enseñanzas tradicionales, hace de la espiritualidad una parte práctica de la realidad cotidiana moderna, guiado por la oración: "Que todos los seres vivan en paz y en contentamiento".

Nacido en Mumbai, India, en 1962, Swami Nityānanda fue criado desde su nacimiento en un ambiente de yoga y meditación. Sus padres eran devotos del famoso avadhūt (asceta) Bhagavān Nityānanda, y luego se convirtieron en discípulos de su sucesor, el reconocido guru Baba Muktānanda.

Swami Nityānanda fue entrenado desde la infancia por Baba Muktānanda e iniciado en el misterioso sendero de los Siddha Gurus. Aprendió las diversas prácticas yóguicas, incluidas la meditación y el canto en sánscrito, y estudió las filosofías de Vedānta y Shaivismo de Cachemira.

Fue iniciado como monje de la orden Saráswati en 1980, a los dieciocho años de edad, y recibió de Baba Muktānanda el nombre de Swami Nityānanda. En 1981 Baba Muktānanda declaró que Swami Nityānanda lo sucedería para continuar el linaje.

En 1987 Swami Nityānanda fundó Shanti Mandir como vehículo para continuar el trabajo de su Guru, y posteriormente estableció tres áshrams.

**MAHĀMANDALEŚVAR
SWAMI NITYĀNANDA**

En 1995, a los treinta y dos años de edad, en una ceremonia tradicional en Haridwar, India, los āchāryas y santos de la tradición Daśanām lo instalaron como Mahāmandaleśvar de la Akhara Mahānirvani. Ha sido el más joven en recibir este título desde que se instituyó esta orden.

Actualmente, Swami Nityānanda, también conocido como Gurudev, viaja alrededor de todo el mundo para compartir las prácticas espirituales en la que ha sido entrenado.

SHANTI MANDIR

Shanti Mandir es una organización espiritual sin fines de lucro que se dedica a la preservación de las enseñanzas de Baba Muktānanda.

Uno de los áshrams de Shanti Mandir está cerca de las orillas del río Ganges, en Kankhal, junto a Haridwar. El otro áshram, en Magod, se encuentra en un entorno rural, en medio de una huerta de mangos de veinte hectáreas, en el estado de Gujarat. El áshram de Shanti Mandir en Estados Unidos abarca 294 hectáreas arboladas en las afueras de la ciudad de Walden, Nueva York.

Bajo la guía de Swami Nityānanda, Shanti Mandir simboliza la paz, el progreso y el amor. Además de las prácticas espirituales realizadas a diario, los tres áshrams contribuyen con sus recursos a las siguientes actividades caritativas: Śrī Muktānanda Sanskrit Mahāvidyālaya (educación), Shanti Mandir Arogya (salud) y Shanti Hastkala (oportunidades económicas).

LOKĀḤ SAMASTĀḤ SUKHINO BHAVANTU
QUE TODOS LOS SERES ESTÉN CONTENTOS.

PERLAS EN EL SENDERO

www.ingramcontent.com/pod-product-compliance
Lightning Source LLC
Chambersburg PA
CBHW052025290426
44112CB00014B/2375